KB147535

경매는 3대를 행복하게 합니다

경매는
3대를
행복하게
합니다

어은수 지음

봄봄

"처음부터 잘하는 사람은 없습니다."

일반적 투자와는 달리 부동산 투자는 이론과 실무가 일치하지 않습니다. 저는 이론과 현실(트렌드)의 차이를 교묘하게 숨긴 채 대충 넘어가는 경매 강의를 들어 본 적이 있습니다. 또한 시중에 출간된 많은 부동산 경매 책들을 보면 실패한 사례를 다룬 경우는 거의 없고 성공 사례로 포장된 내용을 보면서 현실을 반영하지 못한 점에 아쉬웠습니다.

'그분들은 지금까지 한 번도 실패했던 경험이 없는 걸까?'하는 의구심을 지울 수가 없었습니다.

'경매'는 모두가 같은 조건과 위치에서 공평하게 부동산을 매입할 수 있는 기회입니다. 플랫폼 시대에 접어들어 유튜브와 빅데이터의 발달로 방대한 부동산 정보를 누구나 쉽게 접할 수 있게 되었고, 전세 사기에 대한 경각심으로 경매에 대한 이해는 예전보다 상향 평준화가 되었습니다. 그렇게 경매가 점점 대중화되면서 실행력이 있는 분들에게는 관심을 넘어 투자로 이어지고 있습니다.

특히 우리나라 국민들이 '투자'에 열광하는 이유는 국가에서 제공하는 노후의 보장이 부족하기 때문이라고 생각합니다. 대표적으로 국민연금 제도나 사회복지는 다른 선진국에 비해 열악한 수준입니다. 그뿐만 아니라 지속적인 인플레이션과 세계 경기 악화로 인한 국민 개개인의 절박한 경제 현실은 투자를 선택이 아닌 필수인 시대로 만들고 있습니다.

이 책의 제목인 ≪경매는 3대를 행복하게 합니다≫는 제가 대표로 있는 분당NPL경매학원의 슬로건입니다. 다양한 투자 종류 중에서 특히 부동산 경매는 노후에도 지속 가능하기 때문에 자녀와 손주들에게까지 지식이나 재산을 물려줄 수 있다고 생각합니다.

그렇게 경매는 남녀노소 누구나 참여할 수 있지만 경험이 없거나 정확하게 공부하지 않으면 실패로 이어질 수 있습니다. 대표적으로 입찰 보증금을 날리거나 시세보다 높게 낙찰받는 사례가 있습니다. 경매는 한 번의 성공적인 투자로 풍요로운 행복을 얻을 수도 있지만 잘못된 투자는 평생 고통받는 실패로 이어질 수도 있습니다. 경매는 스스로 분석해서 투자해야 하기 때문에 늘 위험성을 간과하면 안 됩니다.

저는 많은 분들이 안전하고 올바른 부동산 투자를 할 수 있도록 경매와 NPL을 강의하고 있는 우리 학원의 강사입니다. 강의를 하면서 저로 인해 실패를 피하고 실수 없이 성공 투자를 하게 되었다는 많은 수강생들의 후기를 보면서 강의로 얻게 되는 성취감이 무척이나 높습니다.

저에겐 강의 철학이 있는데요. 설령 수강생들이 아파트 투자에만 관심이 있다고 하더라도 강사는 거기에 머무르지 않고 다양한 분야에 걸쳐 실전 경험이 밑바탕 되어야 한다고 생각합니다.

저는 강의를 하면서 꾸준하게 실전 투자도 병행하고 있습니다. 아파트와 같은 주택은 물론이고 토지, 상가, 공장 등 다양한 용도에 대한 경험과 유치권, 법정지상권, 지분 경매와 같은 특수 물건에 대한 노하우도 쌓아왔습니다. 짧다면 짧은 부동산 경매의 여정에서도 성공과 실패를 모두 경험했기에 현실적인 진짜 이야기들을 이 책에 알알이 담았습니다.

저뿐만 아니라 경매를 도전할 때 초기에는 누구나 패찰을 경험합니다. 그래도 괜찮습니다. 최소한 감당하지 못할 실패만 아니라면 그 경험은 나중에 분명히 도움이 됩니다.

제가 좋아하는 단어 중 하나는 바로 '꾸준함'인데요. 이 단어는 경매와도 잘 어울린다고 생각합니다. 경매는 1등만 주인공이 되기 때문에 나머지 모든 사람들은 허무한 패찰자가 됩니다. 하지만 그런 아쉬움을 뒤로하고 또다시 도전해 결국 1등이 될 수 있는 꾸준함이 필요합니다.

최근 급격한 폭등과 폭락으로 부동산 시장은 롤러코스터를 타고 있습니다. 많은 분들이 부동산 시장의 사이클을 이해하면서 건강한 투자 생활을 이어간다면 각자의 삶은 더욱더 풍요로워질 수 있습니다.

저의 첫 경험부터 시작하여 전문가가 되어 가는 과정에서 얻은 성공과 실패를 모두 담은 이 책을 통해서 간접 경험을 체험하여 그동안의 막연함이나 궁금증이 해소되길 바랍니다. 부족한 지식과 글솜씨이지만 누군가는 이 책의 내용으로 감화될 수 있다면 저에게는 더없이 큰 영광이 되겠습니다.

어 은 수

CONTENTS

성공과 실패의
모든 경험을
담았다

어쌤의
생애 첫 입찰기,
그 결과는?

성공과 실패의 모든 경험을 담았다

건설사에서 근무하다가 부동산업으로 일을 시작한지 한 달쯤 되던 날 처음으로 입찰을 보기 위해 수원지방법원 성남지원에 방문하게 되었습니다. 저의 인생 첫 입찰 물건은 사건번호 [2019 타경56253] 성남시 분당구 구미동의 아파트였습니다. 이 물건을 선택한 이유는 경매가 처음이라서 가장 익숙하고 자신 있는 동네를 골랐을 뿐입니다. 1994년부터 현재까지 살고 있는 분당은 저에게 제2의 고향이나 다름이 없거든요.

건설업에서 부동산업으로 직업을 전향하게 되면서 해당 분야의 전공을 갖추기 위해 부동산대학원을 졸업했습니다. 그때 학과 시간 중 경매 과목을 이론으로 배운 적은 있지만 막상 실전에 부딪친다고 생각하니 저도 모르게 긴장이 되었습니다. 긴장을 풀기 위해 입찰 전날 밤 이른 시간 잠자리에 누워서 유튜브로 입찰하는 방법을 찾아봤던 기억이 납니다. 다음 날 아침 입찰 시간 전 여유 있게 법원에 도착하기 위해 나름대로 일찍 차를 가지고 출발하였는데 수원지방법원 성남지원 주차장은 이미 빼곡한 상태로 만차였습니다. 법원은 집에서 가까운 거리라서 지하철을 타고 가도 됐었는데 조금 더 편하자고 무심코 차를 끌고 나오면서 주차장 여건을 사전에 체크하지 못한 겁니다.

'어? 이러다가 큰일 나겠는데'

방문 차량은 대부분 경매 때문에 왔을 텐데 이 시간에 출차는 없을 것 같다는 생각이 문득 들었습니다. 차가 빠질 때까지 막연하게 기다리지 말고 법원 근처 도로변 갓길 주차장에 주차를 하기로 마음 먹었습니다. 법원에서 차를 돌려 빠져나온 후 주변 도로를 천천히 배회했지만 그곳마저도 자리가 없었습니다. 매각기일 법원은 인파가 넘친다는 것을 전혀 생각하지 못한 겁니다. 법원에서 몇백 미터 멀리 떨어진 곳에 겨우 주차를 하고 시계를 보니 이미 10시 10분쯤 지나고 있었습니다. 입찰은 10시부터 시작인데 지각 아닌 지각에 마음이 더 조급해졌습니다. 약속 장소에 늘 여유 있게 미리 도착하는 편인 저의 MBTI[1] 유형은 J(계획형)이거든요.

성남지원은 어찌나 건물들이 많은지 제3별관을 찾아 들어오기까지 쉽지 않았습니다. 입찰 법정 안에 비치된 입찰 서류를 챙겨서 마감 시간 내 다행히 입찰 봉투를 입찰함에 제출을 하고 방청석에 앉아서 입찰 마감을 기다렸습니다. 급할수록 돌아가라는 옛말처럼 나름 차분하게 서류를 작성한 것 같았지만 고액 수표로 입찰 보증금을 함께 제출해서인지, 혹시 오타나 실수를 하진 않았을까 찝찝한 마음에 정신없던 그 순간을 떠올리며 개찰이 시작되기만을 기다렸습니다.

'설마 입찰가격 기재란에 0 하나를 더 적진 않았겠지?'

그 후로 저는 늘 집에서 미리 기일입찰표를 작성해서 가는 습관이 생겼습니다.

---

1 Myers-Briggs Type Indicator(자기 보고형 성격유형 검사)

그날 인상 깊었던 장면이 있었는데, 마감 직전인 11시 08분쯤 어떤 분이 요란하게 법정 안으로 들어와서는 입찰 서류를 챙긴 후 입찰 작성대로 들어갔습니다. 정신없이 입찰을 준비하던 그 분의 모습이 아직도 생생합니다. 저분만 아니라 법정 안 많은 사람들은 그분의 행동에 집중을 했습니다. 11시 10분 00초 집행관이 입찰 마감을 알리는 그 순간 입찰 작성대에서 천 가리개를 헤치고 나온 그분은 입찰 봉투를 입찰함에 욱여넣었습니다. 방청석 모두가 집행관을 응시하며 순간 정적이 흘렀습니다. 하지만 야구에서 전력 질주 후 슬라이딩으로 홈베이스를 찍었지만 간발의 차이로 아웃이 된 상황처럼 그분의 입찰 자격은 법원의 직권으로 무효 처리가 되었습니다. 아침에 주차 문제로 조급했던 순간이 떠오르면서, 아쉬워하며 퇴장하는 그분의 마음이 어느 정도 공감됐습니다.

드디어 개찰이 시작되었고 법정 안 인파를 줄이기 위해 입찰자 수가 많은 사건부터 진행하겠다는 안내가 나왔습니다. 그리고 곧바로 제가 입찰에 참여한 사건번호 [2019타경56253]의 입찰자들을 호명했습니다.

'구미동 아파트가 오늘의 인기 물건이구나.'

무려 34명이나 되는 응찰자들이 법대 앞으로 나왔습니다. 집행관이 34개의 입찰 봉투를 하나씩 펼치는 과정을 지켜보면서 가슴이 콩닥콩닥 뛰기 시작했고 로또 발표 방송을 현장에서 생중계로 보는 것처럼 순식간에 낙찰과 패찰이 눈앞에서 정해졌습니다.

차순위매수신고[2]의 자격도 안 되는 금액으로 저는 패찰의 고배를 맛봤습니다. 깨끗한 권리로 구성된 분당 구미동의 아파트는 시세의 90%로 입찰한 제3자가 낙찰이 되었는데 입찰 참가자 34명 중에서도 저는 하위권이었던 것 같습니다. 경매는 매매보다 싸게 받을 수 있다는 막연한 생각에 너무 욕심을 부렸던 결과였습니다.

깨끗한 권리의 아파트는 시세보다 극단적으로 낮게 취득할 확률이 매우 낮습니다. 시장의 일반적인 원칙이죠. 그럼에도 불구하고 대부분 경매에 대한 경험이 부족한 초급자들은 입찰 금액을 입찰 최저가에 중심을 두고 산정하는 경향이 있습니다. 그 이유는 2등과 금액 차이가 불안하고, 낙찰받고 매각 시 수익에 대한 확신이 부족하기 때문입니다.

누구에게나 처음은 있고, 처음부터 잘할 수는 없습니다. 그러니까 그냥 꾸준히 하면 됩니다. 패찰하고 사무실로 복귀해서 바로 정보지를 열람하여 또 다른 물건들을 찾았습니다. 지금까지 살면서 경매란 외국에서 유명한 미술품을 팔거나 농수산물 산지에서

---

2 최고가매수신고인 외의 매수신고인은 매각기일을 마칠 때까지 집행관에게 최고가매수 신고인이 대금지급기한까지 그 의무를 이행하지 아니하면 본인의 매수신고에 대하여 매각을 허가하여 달라는 취지의 신고를 할 수 있다. 차순위매수신고는 그 신고액이 최고가매수신고액에서 입찰 보증액을 뺀 금액을 넘는 때에만 할 수 있다(민사집행법 114조).

도매로 넘기는 것만 있는 줄 알았는데, 이런 신세계가 있다니 아쉽지만 정말 짜릿한 하루였습니다. 그렇게 부동산 경매에 점점 흥미가 생기기 시작했습니다. 꾸준히 하다 보면 어느새 나도 모르게 자전거의 보조 바퀴를 떼고 타는 순간처럼 전문가가 되어있을 모습을 상상하며, 그 꿈을 기대했던 것 같습니다.

3대가 행복해지는 인사이트

만약 동일한 금액의 최고가매수인이 나올 경우 그 입찰자들만을 상대로 추가입찰을 실시합니다. 추가입찰은 기존에 제출한 입찰금액 이상을 적어야 합니다.

어느 날 강남구 대치동 아파트에 30명의 입찰자가 참여했는데, 두 명의 최고가가 같아서 추가입찰을 실시했습니다. 그런데 추가입찰의 결과도 둘 다 같은 금액이었습니다. 두 명 다 정확히 100만 원만 올려서 적었던 거죠. 결국 집행관님의 추첨을 통해서 희비가 교차하게 되었습니다.

입찰금액을 선정할 때는 이왕이면 천 원을 더 올린다거나, 구체적으로 적는 것이 유리합니다.

02

우리는
임의경매를 거쳐
강제경매 신청을
준비하게 되었다

성공과 실패의 모든 경험을 담았다

부동산 학원을 운영하다 보면 가끔 외부에서 P2P 투자[3] 의뢰가 들어오기도 합니다. 2020년 7월 학원 수강생에게 중개 수수료 없이 순수하게 괜찮아 보이는 투자를 추천해 준 적이 있었습니다. 당시 수강생 3명이 각자 1억 원씩 3억 원을 투자하면서 연 20%라는 높은 금리로 차용증서를 작성하였습니다. 그리고 채무자가 담보로 제공한 인천 미추홀구 상가에 2순위 근저당권을 설정했습니다. 투자의 기간은 5개월로 약정했습니다. 보통 차용인이 은행 말고 개인에게 돈을 빌리는 경우는 LTV나 DSR의 한도를 초과했거나 신용 문제, 등기사항증명서상 하자가 있는 경우가 대표적입니다. 그리고 투자자는 담보의 가치를 정확하게 판단해야 하며, 국채나 회사채가 아닌 개인 채권은 더 큰 리스크를 감안하며 투자해야 합니다. 소위 '하이 리스크 하이 리턴'(High Risk, High Return; 고위험을 감수하면 고수익을 올릴 수 있다)이라고 하죠.

투자 후 한 달 뒤 첫 번째 이자는 입금이 되었지만, 그다음 달부터 더 이상 이자가 들어오지 않았습니다. 우리 수강생은 채무자에게 연락을 했습니다.

"선생님, 이자 입금이 아직 안되었습니다."

---

3 Peer To Peer finance의 줄임말로 돈이 필요한 개인과 투자를 원하는 개인을 직접 연결하는 금융을 말한다. 채무자는 부동산을 담보로 제공하고, 채권자는 담보물권으로 저당권을 설정한다.

"지금 자금이 좀 꼬였어요. 그리고 제가 근저당권 설정까지 제공해 드렸는데 안전한 거 아닌가요? 조금만 기다려 주시죠."

그 뒤로 채무자와 소통도 점점 멀어지게 되었습니다. 정상채권(GPL)으로 투자를 시작했지만 회수가 안되는 부실채권(NPL)으로 변모하게 된 거죠. (NPL은 'PART 1, 열일곱 번째 이야기 경매를 이기는 NPL 투자'편에서 자세히 설명드리겠습니다.)

부실채권을 회수하기 위해 2020년 12월 인천지방법원에 근저당권을 실행하여 임의경매를 신청했습니다. 경매를 접수하는 채권자는 인고의 시간을 보내야 합니다. 경매의 사이클은 보통 1년 정도 걸리기 때문에 긴 시간 동안 개인 투자자는 자금 계획이 꼬이게 되니까요. 투자한 수강생 중 1명은 투자금 회수가 지연되면서 다른 중요한 사업에 자금이 부족하여 난항을 겪었다고 했습니다.

2021년 겨울, 오랜 기다림 끝에 2차 매각기일(경매실시) 직전 그동안 연락도 잘 안되고 상환 계획을 차일피일 미루던 채무자는 그제서야 발등에 불이 떨어졌는지 "연체 이자를 먼저 상환할 테니 경매를 취하시켜 달라."는 제안을 하였고, 채권자인 우리 수강생들은 승낙해 주었습니다. 당시 경기 악화로 상권의 불황기가 지속되면서 낙찰가율이 떨어질 것 같은 경매 결과도 우려되었기 때문입니다. 경매가 취하된 직후 원금도 곧 상환이 될 것으로 기대했지만, 2022년 1월까지도 채무자는 약속을 지키지 않았습니다.

수강생들은 다시 자금이 묶이는 악순환에 고통을 겪게 되었습니다. 돌이켜 보면 섣부른 경매 취하보다는 변경[4]으로 처리했어야 하는 아쉬움이 남아 있습니다.

모든 투자는 투자자 본인의 책임과 판단으로 결정하는 것입니다. 저는 수강생에게 투자의 중개를 도와주면서 수수료도 받지 않았지만, 이와같은 특별한 상황은 끝까지 관심을 갖고 도와주는 편입니다. 수강생들의 자금이 엉켜버린 막막한 상황에 도움을 주기 위해 제가 직접 그 부담을 나누기로 결정했습니다. 부실채권 투자에 익숙한 저는 지인 두 명과 함께 기존 채권자의 채권을 절반씩 인수하여 총 6명이 5천만 원씩 채권을 나누게 되었습니다.

지금부터 임의경매를 다시 접수하면 채권을 회수하기까지 또다시 1년이라는 긴 시간이 소요됩니다. 그렇게 육지가 보이지 않는 막막한 항해를 하고 있는 배에 제가 직접 승선하여 운전대를 잡게 되었습니다. 우리는 다시 법원에 경매를 접수했습니다.

지난 경매에서 1회 유찰이 되었을 때 우리의 위치는 배당 2순

---

4 기일변경신청은 경매진행 절차상의 중요한 새로운 사항이 추가되거나 권리가 변동하여 지정된 경매기일에 경매를 진행시킬 수 없을 때 담당재판부가 직권으로 경매기일을 변경하는 것으로 경매 진행 기일이 변경되었음을 뜻하며, 채무자가 채무를 갚겠다는 노력이나 의사를 보이면 채권자가 경매기일 연기신청을 하면 법원에서 받아들일 수 있다.

위인 채권자라서 무잉여기각도 신경이 쓰였었는데, 다행히 비슷한 시기에 우리보다 앞선 1순위 근저당권자(하○은행)도 경매를 접수했기 때문에 무잉여기각이 될 확률은 사라졌습니다.

3대가 행복해지는 인사이트

경매로 배당을 받을 때 일반적으로는 등기접수일자를 기준으로 순위를 정합니다.

후순위 근저당권자가 경매를 접수할 경우 매각 시 선순위 채권자에 의해 배당으로 받게 될 금액이 없다면 경매는 더 이상 진행이 되지 않고 무잉여기각으로 종결이 됩니다. 따라서 채권자는 되도록이면 등기사항증명서 내 선순위의 지위를 확보하는 것이 좋습니다.

'그런데 이제 채무자는 은행의 이자도 상환을 못하는구나.'

중복사건[5]이 2순위인 우리의 입장에선 단점도 있었습니다. 2020년 7월 투자 당시 우리의 채권까지 LTV는 상가의 시세 대비 75%로 안전성이 있었지만 계속되는 부동산 경기 악화로 인해 경

---

5 이미 경매가 진행 중인 부동산에 대해 또 다른 채권자가 경매를 신청한 경우를 말한다. 이를 중복사건 또는 이중경매라고 한다. 법원은 이 경우 이미 개시 결정된 경매를 선행경매라고 하며 이후에 받은 경매개시결정을 후행경매로 처리하여 순차적으로 경매를 진행한다.

매 낙찰가율은 하락하고 있었습니다. 게다가 2022년 하반기부터 금리까지 가파르게 오르면서 1순위 근저당권자인 하〇은행의 연체이율은 11%가 되었고, 우리보다 선순위 채권은 10억 8천만 원이나 쌓이게 되었습니다. 변동금리와 연체금리로 인해 지난 경매사건 때보다 무려 8천만 원이나 선순위 채권이 더 발생하게 된 겁니다.

2순위 근저당권자인 우리 채권은 원금과 연체이자를 포함 총 3억 8천만 원이었습니다. 따라서 우리 채권까지 전액 배당받기 위해서는 적어도 14억 6천만 원에 낙찰이 되어야 했습니다.

1차 매각기일엔 유찰이 되었고, 2023년 7월 21일 2차 매각기일에는 감정가의 70%인 약 12억 5천만 원에 낙찰이 되었습니다.

결과는 너무나 아쉬웠습니다. 그나마 유일한 입찰자인 김○○과 박○○씨 마저 입찰에 들어오지 않았다면 또 유찰이 되면서 정말 끔찍한 상황을 맞이할 뻔했습니다. 경매에서 유찰은 공매보다 더 저감율이 큰데, 인천지방법원은 이전 회차에서 30%씩이나 저감되기 때문에 채권자 입장에선 유찰이라는 결과는 매우 신경이 쓰일 수밖에 없었습니다. 많은 입찰 참가자들이 최저가를 기준으로 입찰가격을 검토하기 때문이죠.

단독 낙찰자는 목적물에서 예전부터 음식점업을 하는 임차인이었습니다. 그 낙찰자는 대금지급기한일 내에 잔금을 납부했고, 우리는 채권자로서 배당기일에 법원에 출석하여 연체이자는 커녕 원금의 60%만 배당으로 회수하게 되었습니다.

민사집행법을 바탕으로 권리 분석을 할 때 근저당권은 매각으로 소멸됩니다. 소멸은 최고가매수인에게 소유권이전 시 권리가 승계되지 않고 등기사항증명서에서 말소된다는 의미입니다. 반대로 채권자 입장에서는 경매로 진행된 담보 물건의 근저당권만 말소되었을 뿐 실제 채권이 전부 사라지는 것은 아닙니다. 소멸시효 내 법원에서 받지 못한 채권은 차용증서를 근거로 여전히 효력이 있습니다. 이를 잔존채권이라고 하는데 배당으로 받지 못한 채권은 법원 경매계에서 원인서류(차용증서)에 확인(부기문)을 받으면 채무자에게 다시 채권 추심을 할 수 있습니다.

우리의 담보부채권이 무담보부채권으로 전환되는 순간이었습니다. 무담보부채권이 되면서 채권 회수에 대한 기대도 어느 정도 내려놓을 수밖에 없었습니다.

'투자를 할 때 담보는 정말 중요하구나.'

모든 투자의 기초가 되는 담보물의 가치를 정확하게 판단하는 것이야말로 정말 중요하다는 걸 피부로 체감하게 되었습니다.

차 용 증 서

금 액 : 삼억원정 (₩300,000,000)

상기 금액을 정히 차용하고 아래와 같이 약정한다.

부 기 문
이 법원 202_타경
경매사건에기하여 2023.09.25
금 /5,705,0_ 원이 배당되었음
인천지방법원 법원주사 김

- 아   래 -

1. 차용금의 담보물은 인천광역시 미추홀구 주안동 ███ ███ ███ ███에 ██ ███ ███ ███에 2순위로 채권최고금액 금사억오천만원의 근저당권을 설정하기로 한다.
2. 이자는 연20.4%로 정하고 매월 1일 채권자 통장으로 입금한다.(단, 1일만 늦어도 연 24%의 연체료를 소급하여 적용하기로 한다.)
3. 차용금은 2020년 7월 2일부터 차용하고 2021년 1월 1일에 상환한다.
4. 이자가 1회 이상 연체되면 채무자는 기한의 이익을 상실하며 경매신청 및 채권양도 등 어떠한 불이익에도 이의를 제기하지 않기로 한다.
5. 이자 연체 및 변제기에 상환이 안 될 경우, 추심하는 모든 비용은 채무자가 부담하기로 하며, 만기 미상환 시에도 연 24%의 연체료를 적용한다.

위 내용을 성실히 이행할 것을 확약하며 불이행 시는 민, 형사상 어떠한 불이익에도 이의를 제기하지 않기로 한다.

2020년 7월 2일

이제 잔존채권을 회수하기 위해 채무자의 또 다른 부동산을 강제로 매각시켜야 합니다. 하지만 근저당권이 설정되지 않은 무담보부채권은 채무자의 또 다른 부동산을 알고 있어도 담보권이 없어서 경매법원에 임의경매로 신청할 수 없습니다. 그렇게 담보가 설정되지 않은 일반 채권, 임금 채권, 외상금과 같은 채권은 집행문을 첨부하여 경매법원에 강제경매를 신청해야 합니다.

2023년 10월 우리는 차용증서를 첨부하여 민사부에 대여금 청구의 소를 제기하였습니다. 그리고 2024년 6월 드디어 변론 기일이 잡히게 되었습니다.

대여금 반환 청구 소송은 유치권처럼 공방이 치열하지 않을 것 같아서 깔끔하게 판결을 받을 줄 알았는데 피고인 채무자는 억울하다며 반론을 했습니다. 그렇게 2차 변론기일이 잡히게 되면서 다시 또 두 달을 기다려야 했습니다. 그 날이 다가오지 않았지만 이제는 사실 관계가 정확히 확인될 수밖에 없어서 2차 변론기일을 끝으로 향후 판결문이 나오면 채권 압류가 진행되겠죠.

여러분도 채권자가 될 때는 반드시 안전한 담보에 정확한 근저당권을 설정하고 실행을 해야 합니다.

3대가 행복해지는 인사이트

임의경매 vs 강제경매

부실채권을 회수할 때 가장 수월한 방법이 임의경매입니다. 모든 은행들이 대출을 해줄 때 근저당권을 설정하는 이유도 바로 이 때문입니다.

임의경매 신청은 근저당권이 설정된 지방법원에 방문하여 부동산 임의경매신청서와 증빙서류로 부동산 등기사항전부증명서를 제출만 하면 됩니다. 그렇게 경매가 접수되면 보통 6~9개월 뒤 매각기일이 지정됩니다.

경매계에서는 매각기일 전까지 채무자를 포함하여 모든 이해관계인들에게 경매 진행 절차를 우편으로 송달하는데 채무자가 주소를 옮기거나 우편을 받지 않아 반송되는 경우엔 공시 송달 과정을 거치게 됩니다. 매각기일이 지연되는 대표적인 사유죠.

반면 강제경매 신청은 부동산 소재지 관할 지방법원에 방문하여 부동산강제경매신청서와 증빙 서류로 집행할 수 있는 일정한 집행권원(판결문, 공증)을 제출해야 합니다. 임의경매의 부동산 등기사항전부증명서를 강제경매는 판결문으로 갈음한다고 이해하면 되는데, 재판부에 판결문을 받기 위해 채권자는 별도의 대여금반환청구소송을 거쳐야 한다는 번거로움이 있다는 것이 임의경매와의 차이점입니다.

따라서 채권자는 채무자가 근저당권이라는 담보를 제공하지 않을 경우에는 공증이라도 받아 놓는 것이 좋습니다.

03

포기하지 않으면
실패는 성공을 위한
값진 경험이 된다

성공과 실패의 모든 경험을 담았다

누구나 실패한 사례를 감추고 싶어 합니다. 하지만 경매를 처음 시작하는 초급자분들에게 달콤한 성공 사례보다는 그 뒤에 가려진 투자 시 주의해야 할 점들을 알려 드리기 위해 제가 경험한 쓰라린 실패 사례를 적어 볼까 합니다.

2020년 '개도 포르쉐를 타고 다니는 동네'라고 하는 서울시 강남구 개포동에 위치한 우성 9차 아파트 단지 내 상가를 낙찰받은 적이 있었습니다. 우성 9차 아파트는 구룡역 역세권이라는 입지와 더불어 주위에 초·중·고등학교가 둘러싸여 있으며 건너편엔 주공 1단지를 재건축한 디에이치퍼스티어아이파크가 준공을 앞두고 있었습니다. 개포동은 누구나 인정하는 서울 금싸라기 땅 중 하나로 저는 그런 화려한 모습에 기대를 걸었습니다.

경매 정보지 주소에 지하층이라는 표시는 없었지만 현장에 가보면 지상층은 없고 전부 지하 1층으로만 구성된 오래된 아파트 상가였습니다. 또한 전체 면적의 소유권은 지분[6]으로 나눠져 있고, 물리적인 공간만 파티션이나 가벽으로 구분되어 있었습니다. 이러한 오래된 아파트 상가는 대부분 비슷한 형태를 갖추고 있는데, 어두운 지하 상가를 내려오면 반찬 가게나 세탁소, 철물점 등이 공간을 나눠 장사하는 모습을 한 번쯤 보신 적이 있을 겁니다.

---

6 공유자가 목적물에 대하여 가지는 소유의 비율

하지만 등기사항증명서의 소유권은 구분 소유가 아닌 하나의 소유
권이고 그 하나를 여러 명이 지분으로 공유하고 있는 지분 관계가
일반적입니다. 이 물건도 57명의 공유 지분 관계가 있었습니다.

임장을 갔을 때 아파트 상가 바로 뒤에 있는 우성 9차 아파트는
리모델링 공사 중이었고 해당 아파트 상가는 함바집과 시공사 사
무실로 운영되고 있었습니다.

저는 단순히 이렇게 생각했습니다.

'노후된 이 아파트 상가도 머지않아 반듯하고 멋진 신축 상가
로 변모하겠다.'

그렇게만 된다면 지하층에 묻혀 있던 이 오래된 상가는 1층이
나 2층으로 올라올 수 있게 되겠죠. 그렇게 짧은 생각으로 입찰
에 들어갔습니다.

대한민국 금싸라기 땅이 경매로 나왔는데도 불구하고 개찰 결과 단 두 명만 입찰에 참가해서 1등과 2등은 무려 5천만 원 이상 차이가 났습니다. 1억 4,330만 원에 제가 낙찰을 받은 거죠. 당시 터무니없는 입찰가격에 대한 근거도 아마 없었던 것 같습니다. 수익 실현에 대한 구체적인 목적 없이 단순히 낙찰을 받기 위한 입찰이었습니다. 참고로 나중에 깨달은 사실이지만 유찰이 되었을 때 낙찰이 절실한 물건이라면 이전 회차 최저가와 근접하게 입찰가격을 써내면 보통 1등이나 2등을 한다는 걸 알게 되었습니다. 저는 이전 회차 최저가보다 3천만 원이나 더 높게 썼으며, 돌이켜 보면 2등이 쓴 입찰 가격도 과도한 금액이었다고 생각합니다.

낙찰 후 불길한 예감이 들었습니다. 다시 현장에 가서 인근 공인중개사 사무실에 방문하여 꼼꼼하게 시세를 조사해 보았더니 다른 공유 지분 매도인이 의뢰한 가격은 1억 원인데 현재는 거래도 어려워서 시세라고 말할 수도 없었습니다.

이 물건의 유일한 출구 방법은 아파트 상가 리모델링입니다. 뒤늦게 상가 관리단을 찾았습니다. 수소문 끝에 어느 공인중개사 소장님으로부터 상가 운영회 회장님의 연락처를 받았습니다. 상가 운영회 회장님 말씀으로는 현재 가장 큰 문제점이 아파트 조합과 상가 조합의 분쟁이라고 했습니다. 우성 9차 아파트도 개포동의 다른 단지처럼 최초에는 재건축을 검토했는데 사업성이 나오지 않아서 부득이하게 리모델링으로 방향이 바뀌면서 상가는 제척

되었다고 합니다. 그래서 현재 아파트만 단독으로 공사가 진행되고 있던 겁니다.

재건축 정비 사업과 달리 리모델링 주택 사업은 상가동을 배제할 수 있습니다. 따라서 상가는 앞으로도 개선 공사가 불투명한 상태였습니다. 해결 방법은 57명의 공유자들 중 누군가 대표자가 되어 적극적으로 나서야 하는데 수십 명의 공유자들 사이에 의견 취합조차 잘 안되는 상황이라고 했습니다. 그리고 이미 한 필지 내에 있는 아파트가 리모델링을 선행하면서 용적률을 최대로 포화시켰다는 이야기도 있었습니다. 이 부분은 나중에 뒤에서 말씀드리겠지만 용적률이 포화되면 더 이상 지상에서 건축을 할 수 없습니다.

'나는 왜 입찰 전 처음부터 이렇게 검토하지 못했을까?'

아는 만큼만 보인다는 말은 그 순간 저에게 딱 어울리는 말이었습니다. 입찰을 준비하던 그 당시 저는 재개발, 재건축, 리모델링 사업에 대한 투자 경험 부족으로 인해서 어떤 부분을 면밀하게 검토해야 할지 몰랐습니다.

뒤늦게 파악한 정보를 가지고 다시 물건을 분석해 보니 입찰 자체가 후회되었습니다. 잔금을 납부해야 할지, 미납해야 할지 고민 끝에 결국 잔금을 미납하고 입찰 보증금 900만 원을 포기했습니다. 돌이켜 보면 900만 원도 큰 돈이었지만 과감한 판단으로 더 큰 실패는 피했다고 생각됩니다.

다시 재경매가 진행되면서 누군가 단독으로 9천만 원에 낙찰을 받아 잔금을 납부했습니다.

그렇게 이 사건은 기억 속에서 사라졌는데 3년도 더 지난 어느 날 개포동에 볼일이 있어서 지나가다가 그때가 떠올라서 잠시 들렀던 적이 있었습니다. 그 아파트 상가는 여전히 노후된 모습 그대로였습니다. 그리고 내부는 함바집과 시공사 사무실이 철수를 했는지 공실 상태로 출입구는 굳게 잠긴 상태였습니다.

만약 잔금을 납부하고 57명의 공유자 중 한 명이 되었다면 어떻게 해야 될까요?

운영회를 소집하여 노후된 부분만 리모델링(인테리어) 공사를 진행한 후 지하 1층 전체 통 임대를 대형마트나 헬스장으로 놓는 방법이 최선이 아닐까 생각합니다. 하지만 이곳에 수년 동안 투자금이 묶이면서 또 다른 좋은 기회들을 눈 앞에서 놓쳤겠죠.

대부분의 투자자들은 실패의 위험성을 간과하고 성공만을 그리며 투자하는 경향이 있습니다. 성공보다 더 중요한 것은 실패하지 않는 것입니다. 하지만 부득이하게 실패를 경험하게 되었다면 주어진 환경에서 최선의 노력으로 실패를 극복할 수 있는 자세가 필요합니다.

입찰 보증금을 포기한 후 실패 경험이 두려워 더 이상 부동산 투자를 하지 않았다면 저는 제 인생에서 후회되는 일 중 하나가 되었을 겁니다. 시간이 지나고 돌이켜 봤을 때 알게 되었지만, 포기하지만 않는다면 실패는 더 현명하게 성공하기 위한 값진 경험이 됩니다. 이 사건을 계기로 저는 투자의 위험성을 다양하게 점검해 보고 입찰 전 권리 분석과 물건 분석에 대해서 더 꼼꼼하게 검토하게 되었습니다. 그리고 우리 학원의 관계자들과 크로스 체크로 안전하게 입찰을 하는 습관도 갖게 되었습니다.

3대가 행복해지는 인사이트

2023년 12월 노후계획도시 특별법이 시행되면서 1기 신도시에 많은 투자자들이 관심과 기대를 가지고 있습니다. 재건축이나 리모델링을 고려한 아파트 상가 투자 시 주의할 부분은 다음과 같습니다.

- 재건축이나 리모델링을 제외하고 고려했을 때도 가치가 있는 물건인지
- 상가 조합원들 간에 단합이 잘 되는지
- 리모델링 시 상가가 제척될 위험성은 없는지
- 단지 내 상가가 핵심 위치에 있는지, 상가의 호실은 총 몇 개인지

04

소액 투자의 정석

성공과 실패의 모든 경험을 담았다

유튜브에 쏟아지는 수많은 투자 사례를 보면, 부동산 투자는 시드머니(종잣돈)가 많이 있어야 한다는 고정관념은 깨지고 소액으로도 투자가 가능하다는 인식이 대중화되고 있습니다. 그럼에도 가끔 너무 극단적이고 과도한 사례는 관심을 끌기 위한 '어그로'처럼 보이기도 합니다. 여러분은 단돈 500만 원으로 오피스텔을 매입하는 투자가 과연 보편적인 소액 투자 방법이라고 생각하시나요?

제가 생각하는 부동산에서의 소액 투자는 크게 두 종류가 있습니다.

첫째는 지분을 매입하는 투자입니다. 경매에서 지분 물건은 유찰이 잘 되는 편이며, 소수 지분은 1천만 원이 채 안 되는 물건도 많이 있습니다. 우리 학원 수강생 중에는 저의 지분 경매 수업을 듣고 300만 원짜리 지분 토지를 낙찰받아 수익을 낸 사례도 있었습니다.

둘째는 갭 투자입니다. 3.3㎡(평)당 수천만 원에 달하는 건축물도 우리나라에서는 전세 보증금이라는 레버리지가 존재하기 때문에 소액 투자가 가능합니다. **갭 투자를 위한 물건을 고를 때는 가장 먼저 매매가격과 전세가격의 간극이 좁은 물건을 찾는 것이 핵심입니다.** 아파트보다 오피스텔에서 매매와 전세가격의 간극이 좁은 이유는 거래의 목적이 자산(보유)가치와 사용가치로 구분되기 때문입니다. 오피스텔은 일반적으로 매매가격이 크게 상승하지 않아서 매수보다는 임차 수요가 더 많은 시장입니다. 도시 중심부처럼 수요가 많은 입지는 월세가 받쳐주기 때문에 오피스텔 전세가격이 쉽게 떨어지긴 힘듭니다.

참고로 제가 말하는 갭 투자는 대출 레버리지가 아닙니다. 90%씩 대출을 받아서 10%의 계약금만 가지고 부동산을 매입할 수도 있지만 대출 비중이 큰 투자는 지렛대가 부러질 수도 있습니다. 그런 '영끌' 방식의 투자는 계획에 변수가 발생하면 위험할 수 있는데, 대표적으로 금리가 가파르게 오르거나 '단타'라는 계획이 틀어지면 손실을 볼 수도 있잖아요. 또 경매의 경우 낙찰받은 목적물에 불법 점유자가 버티고 있어서 명도가 예상보다 지연된다면 오히려 조급해진 낙찰자는 투자가 꼬여버리기 마련입니다.

갭 투자의 사례로 2020년 우리 법인이 낙찰받은 성남시 분당의 오피스텔을 소개해 보겠습니다. 수인분당선과 신분당선이 지나가는 정자역은 네이버 본사가 있고 판교 테크노밸리가 가까워서 입지가 뛰어난 지역입니다. 덕분에 직장인의 수요로 오피스텔의 인기가 꾸준히 있는 편입니다.

어느 날 우리 법인의 직원이 정자동 푸르지오시티 오피스텔에 입찰을 제안했습니다. 당시 매각기일로부터 6개월 뒤 두산그룹 신사옥이 준공 예정이었고 현대중공업그룹 글로벌R&D센터와 네이버 신사옥이라는 이슈까지 대형 호재가 많은 지역이라서 입찰을 해보기로 결정했습니다. 앞으로 정자동의 오피스텔은 자산 가치와 사용가치 모두 상승할 것이라는 기대가 있었으니까요.

입찰 금액을 결정하기 위해서 임장을 다녀오면서 시세도 조사했습니다. 참고로 경매에서 입찰자 수를 어느 정도라도 예측할 수 있다면 입찰 금액을 산정하는데 도움이 됩니다. 분당 정자동의 오피스텔은 경매로 잘 나오지 않고 이 사건은 권리관계도 복잡하지 않기 때문에 경쟁이 치열할 것으로 예상했습니다. 최저가에 대한 진입장벽도 낮아서 당시 분위기상 20명 정도는 입찰에 참여할 것 같았습니다. 입찰 전날과 당일 아침에도 정보지 조회수를 참고하면서 역시나 높은 경쟁률이 예상되었습니다. 진입장벽이 낮을수록 경쟁이 치열하고, 경쟁이 치열하면 마진을 줄여야 낙찰될 확률이 높기 때문에 과감하게 급매보다 살짝 낮은 입찰 금액으로 결정했습니다. 그렇게 치열한 경쟁을 뚫고 우리는 1등을 했습니다. 당시 매매 시세는 2억 2천만 원에서 2억 3천만 원으로 형성되었고, 전세는 2억 원 수준이었습니다. 전·월세 시장의 분위기를 조사하면서 전세 수요에 대한 확신도 있었습니다.

　　2020년 8월 4일 잔금을 납부하고 3주 뒤에 세입자를 맞췄는데 사실은 잔금을 납부하기 전부터 인근 부동산에 임대차 의뢰를 드렸습니다. 임대차계약 체결은 잔금을 납부하면서 소유권 이전된 시점으로 하되 조금이라도 빨리 세입자를 맞추기 위해서였습니다. 그렇게 진행할 수 있었던 이유는 잔금을 납부하기 전에 이미 명도가 끝났기 때문입니다. 낙찰 후 일주일 뒤 매각허가결정이 나고 목적물의 현관문에 명도 협상을 위한 메모장을 붙이러 우리 직원이 나갔는데 관리실로부터 "이미 그 집은 점유자가 퇴거를 해서 공실 상태다."라는 이야기를 듣게 되었답니다. 그래서 무심코 도어락에 '1234*'을 눌러봤다고 합니다. 그 순간 '띠리릭' 소리가 경쾌하게 나면서 개문이 된 겁니다. 우연히 열린 현관문을 열고 들어갔더니 햇살이 환하게 들어오는 실내는 이미 깨끗한 상태로 정리가 됐었고 '잘 지내고 갑니다.'라는 쪽지가 인터폰에 붙어있었다고 했습니다. 이전 점유자가 낙찰자인 우리에게 좋은 시그널을 보낸 느낌이었습니다. 그렇게 명도 문제는 자연스럽게 넘어갔습니다.

3대가 행복해지는 인사이트

최고가매수인은 법원에 잔금을 납부한 날을 기준으로 소유권을 이전 받습니다. 사전에 목적물의 점유자와 명도 일정에 대한 협상이 잘 된다면 부동산에 중개를 의뢰해서 일정을 단축시킬 수 있습니다. 소유권이 이전된 등기사항증명서가 없으면 인터넷 광고는 불가능하지만 별도로 고객을 받아 가계약을 체결하기도 합니다. 순조롭게 진행이 된다면 마치 '복등기'처럼 낙찰대금납부일과 동시에 처리를 할 수도 있습니다. 단, 명도가 확실히 되었거나 점유자로부터 확약서를 받지 않았다면 명도에 대한 위험성은 존재합니다. 명도가 되지 않았는데 신규 임차인과 임대차계약을 체결했다면 문제가 되겠죠? 점유자와의 마찰은 명도가 마무리 되는 순간까지 생길 수도 있다는 점을 명심해야 합니다.

어느 날 아는 지인이 점유자와 퇴거일을 문자로 협상했다며 신규 임차인과 계약서를 쓰고 퇴거일 이틀 뒤에 신규 임차인이 전입할 예정이라고 한 적이 있었습니다. 그런데 퇴거일을 앞두고 어느 순간부터 점유자가 연락이 안 된다며 어떻게 하면 좋겠냐는 문의가 왔습니다. 조급하고 불안해지는 순간부터 갑이 아닌 을로 입장이 바뀌게 됩니다.

참고로 과거 민사소송법에서 사용하던 용어가 '명도'이고, 현행 민사집행법에서는 '인도'라고 부릅니다. 하지만 여전히 실무에서는 명도라는 말을 많이 씁니다.

실무에서 명도는 대부분 원만한 합의로 마무리됩니다. 명도확인서를 필요로 하는 점유자들은 대부분 자진해서 퇴거를 하며, 관행처럼 굳어진 이사비를 지급하기도 합니다. 많은 경매인들이 '3자 화법'으로 명도 협상을 하지만, 이는 장점도 있지만 단점도 있어서 저는 '공동 투자자 구성원'이라는 역할로 협상을 하는 편입니다.

오피스텔 전세 계약서

아래 부동산에 대하여 임대인과 임차인은 합의하여 다음과 같이 임대차계약을 체결한다.

1.부동산의 표시

소 재 지	경기도 성남시 분당구 정자동162-2정자동3차푸르지오시티 A동 ■■호						
토 지	지목	대	대지권(비율)	13369.1분의6.8919		면적	13369.1 ㎡
건 물	구조	철근콘크리트		용도	오피스텔	면적	24.98 ㎡
임대할부분	상기■■호 전체					면적	24.98 ㎡

2.계약내용

제1조 [보증금 및 지급시기] ① 임대인과 임차인은 임대차 보증금과 지불시기를 다음과 같이 약정한다.

보 증 금	金 이억이천만	원整 (₩ 220,000,000　　　　　　　)
계 약 금	金 이천만	원整은 계약시에 지불하고 영수함　　 영수자　　　　印
중 도 금	金	원整은　　　　년　　월　　일에 지불하며,
잔 금	金 이억	원整은 2020 년 09 월 18 일에 지불한다.

임대차계약을 2억 2천만 원으로 체결했습니다.

우리가 투자한 총비용은 낙찰 금액, 취·등록세 그리고 중개 수수료를 포함해서 2억 2,500만 원이었습니다. 그렇게 단돈 500만 원으로 분당의 오피스텔을 매입하게 되었죠.

낙찰 후 세입자 세팅까지 마치고 6개월 뒤 2억 3천만 원에 매도를 하고 투자를 마무리했습니다. 결과적으로 우리는 500만 원을 투자해서 약 500만 원의 수익을 남기게 되었습니다.

오피스텔 매매 계약서

아래 부동산에 대하여 매도인과 매수인은 합의하여 다음과 같이 매매계약을 체결한다.
1.부동산의 표시

소 재 지	경기도 성남시 분당구 정자동162-2 정자동3차푸르지오시티 A동 ▮▮▮▮					
토 지	지목	대	대지권 (비율)	13369.1분의6.8919	면적	13369.1㎡
건 물	구조	철근콘크리트	용도	업무시설	면적	24.98㎡

2.계약내용
제1조 [매매대금 및 지급시기] ① 매도인과 매수인은 매매대금 및 지불시기를 다음과 같이 약정한다.

매매대금	一金 이억삼천만	원整은 (₩ 230,000,000	)
계 약 금	一金 오백만	원整은 계약시에 지불하고 영수함	영수자	印
중 도 금	一金 이억이천만	원整은 2021 년 03 월30 일에 지불하며,
	一金	원整은 년 월 일에 지불한다.
잔 금	一金 오백만	원整은 2021 년 04 월16 일에 지불한다.
융자/보증금	一金	원整은 현상태에서 승계한다.

　제 지인들 중에는 여전히 '부동산 투자는 큰돈이 있어야 한다.'는 선입견이 있는 분들이 꽤 있습니다. 이렇게 적은 돈으로도 투자할 수 있는 방법이 있지만 경험하지 못하면 와닿지 않는 거겠죠. 그리고 빠르게 큰돈을 만들기 위해서는 작은 돈을 지속적으로 굴려야 하고 그 과정은 값진 경험으로 누적되어 큰돈을 모았을 때 성공적인 투자를 실행할 수 있는 겁니다.

　어쩌면 위에서 말씀드린 오피스텔 사례는 운이 좋았을 수도 있습니다.

　제가 생각하는 소액의 범위는 자본금 5천만 원 이하인데, 재테크에 관심 있는 사람이라면 대부분 이 정도 시드머니를 모으는 것이 좋습니다. 대출이나 임대차를 활용하면 5천만 원으로도 충분히 빌라나 오피스텔을 매입할 수 있습니다. 이러한 소액 투자는 진입 장벽이 낮아서 누구나 쉽게 도전할 수 있습니다. 그러나 바꿔 말하면 소액 투자의 현실적인 단점은 입찰 경쟁이 치열하다는 점이죠. 입찰 경쟁자가 30명이라면 낙찰될 확률은 3.3%입니다.

내가 가진 자본금이 소액이라면 경매보다 공매를 추천드립니다. 그리고 평범한 권리로 형성된 물건도 좋지만 이왕이면 조금 더 복잡하고 어려운 특수 물건으로 도전해 보는 것도 좋습니다. 이렇게 남들이 가지 않는 곳으로 방향을 바꾸면 소액이라도 좋은 기회를 잡을 확률이 올라가겠죠. 예를 들어, 비아파트의 인기가 식었을 때 빌라에 관심을 갖는 것은 어떨까요?

3대가 행복해지는 인사이트

오피스텔의 장·단점

[장점]
- 소액 갭 투자가 가능합니다. 다른 주택보다 매매가격과 전세가격의 간극이 좁습니다.
- 안정적인 임대 사업이 가능합니다.
- 다주택자도 취득 시 중과세가 없습니다. 오피스텔은 매입 시 4.6%만 발생됩니다.
- 교통이 편리합니다. 주로 직장이나 역세권에 위치합니다.
- 주차장 여건이 좋습니다. 지하 주차장이 있어서 편리합니다.

- 1층 편의시설 및 전유공간 안에 가전제품(빌트인)이 있는 경우도 있습니다.

[단점]

- 취·등록세가 많이 듭니다. 1주택자도 오피스텔은 매입 시 4.6% 가 발생됩니다.
- 관리 비용이 비싼 편입니다. 일반적으로 공용면적의 비중이 아파트보다 큽니다.
- 환기와 통풍이 잘 안됩니다. 구조적 한계로 인해 맞바람이 칠 수 없습니다.
- 방향이 다양합니다. 동서남북 방향에 따라 조망이 천차만별입니다.
- 매매 수요자가 많지 않습니다. 1~2년 임시로 거주하길 원하는 임차 수요가 많습니다.
- 세입자가 자주 바뀌면 잦은 수리 비용이 들 수 있습니다.
- 양도차익이 크지 않습니다. 비율이 낮은 대지권보다 비율이 높은 건축물은 감가되기 때문입니다. 다만, 물가상승률에 민감한 강남 등 주요 도심은 예외 지역이라고 볼 수 있습니다.

오피스텔은 특히 지역별로 차이가 큽니다. 직장이 많거나 역세권 위주의 강남, 잠실, 판교, 분당, 종로, 여의도, 영등포 등 핵심 권역에 위치하고 전·월세 수요가 많은 지역은 매매가격도 결국 우상향하게 됩니다. 입지가 약한 오피스텔은 매매로 빠져나오기가 어렵기도 합니다. 결론적으로 오피스텔 투자는 대부분 임대 사업이 목적이라서 시장 분석이 무엇보다도 중요하다고 볼 수 있습니다.

05

전략적인
사고방식

성공과 실패의 모든 경험을 담았다

부동산 시장은 가격과 거래 활동이 시간에 따라 반복되는 사이클이 있습니다. 부동산 경기는 일반적으로 호황기, 후퇴기, 불황기, 회복기 이렇게 4국면으로 구분합니다.

우리 법인에서 아산 탕정삼성트라펠리스를 낙찰받았던 2020년부터 2021년은 강한 상승장이 이어지던 호황기 였고 급격한 후퇴기를 보내고 2022년부터 2024년 현재까지는 불황기가 이어지고 있습니다.

기본적으로 부동산 투자를 하려면 시장의 흐름을 이해하고 왜 변화하는지 살펴볼 수 있는 혜안이 중요합니다.

당시 호황기가 될 수밖에 없었던 가장 큰 요인은 경기 침체였습니다. 2020년 초반 코로나 팬데믹으로 세계 경제가 곤두박질치게 되면서 미국 정부와 중앙은행은 기준금리를 인하하고 양적 완화 정책을 확대하게 되었습니다.

미국보다 경제적으로 약소국가인 우리나라는 미국의 기준금리를 따라갈 수밖에 없는 구조입니다. 그 결과 우리나라도 부동산 시장이 호황기를 맞이하게 되어 자산가치가 상승했고 일부 부동산 정책의 부작용이 부동산 가격 상승의 촉매제 역할을 하게 되었죠.

저금리 레버리지를 활용한 '영끌' 투자, 20~30대 젊은 층의 중저가 아파트 매입 열풍, 규제가 낮은 지역의 '풍선효과' 등이 대표적인 사례입니다.

상승장에서도 지역별 편차가 존재합니다. 가장 가파르게 상승할 수 있는 지역은 산업단지 등 일자리가 창출되면서 인구 유입으로 인해 도시가 확장되는 지역입니다. 당시 교통의 발달로 경기 남부권이나 충청권은 지속적으로 도시개발이나 산업단지가 들어오고 있었습니다. 그중에서도 삼성 디스플레이가 위치한 도시인 충남 아산 탕정지구가 대표적인 호재 지역이었습니다. 참고로 삼성디스플레이㈜는 지금도 여전히 천안과 아산에 사업장 확장과 시설 투자를 추진하고 있습니다.

그렇게 우리는 당시 삼성그룹의 향방에 초점을 두게 되었습니다.

우리가 낙찰받은 삼성물산의 탕정삼성트라펠리스는 비수도권에서 유일하게 래미안이 아닌 고급 주상복합 브랜드인 타워펠리스 브랜드가 적용된 아파트입니다. 최초엔 삼성 임직원을 대상으로 분양했다가 그 후 일반인을 대상으로 매매가 활발하게 이루어지고 있었는데 그만큼 아파트 자체 품질도 좋아서 아산에서 인기 아파트 중 하나였습니다.

아파트 바로 맞은편엔 아산디스플레이시티2 일반산업단지의 부지공사가 한창이었습니다. 그리고 2025년쯤 준공을 앞두고 있

없는데 그때 주택에 대한 수요가 더 늘어날 것을 기대했습니다. 그리고 주변 학군도 좋아서 입찰을 결정하게 되었던 겁니다.

여기서 잠깐! 경매에서 중요한 권리 분석에 대해서 이야기를 해보겠습니다.

경매는 일반 매매와 다르게 매도인과 매수인의 중개가 없다는 것은 누구나 알 겁니다. 따라서 경매 매수인은 입찰을 참가하기 위해 해당 물건의 등기사항증명서를 통해서 직접 권리 분석을 해야 합니다. 권리 분석은 민사집행법을 바탕으로 하는데 탕정삼성 트라펠리스의 물건을 예로 들어서 권리를 살펴보겠습니다.

주요 등기사항 요약 (참고용)

━━━━━━━━━━━━━━ [주 의 사 항] ━━━━━━━━━━━━━━

본 주요 등기사항 요약은 증명서상에 말소되지 않은 사항을 간략히 요약한 것으로 증명서로서의 기능을 제공하지 않습니다.
실제 권리사항 파악을 위해서는 발급된 증명서를 꼭 확인하시기 바랍니다.

고유번호 1648-2009-004616

[집합건물] 충청남도 아산시 탕정면 명암리 809 탕정삼성트라팰리스 제301동 ▨▨ ▨▨▨

1. 소유지분현황 (갑구)

등기명의인	(주민)등록번호	최종지분	주 소	순위번호
이▨▨ (소유자)	721209-*******	단독소유	충청남도 아산시 탕정면 탕정면로 37, 301동 ▨▨▨ (탕정삼성트라팰리스)	4

2. 소유지분을 제외한 소유권에 관한 사항 (갑구)

순위번호	등기목적	접수정보	주요등기사항	대상소유자
7	가압류	2018년11월13일 제66326호	청구금액 금15,731,970 원 채권자 ▨▨이캐피탈 주식회사	이▨▨
8	가압류	2018년11월21일 제67829호	청구금액 금13,072,640 원 채권자 ▨▨캐피탈 주식회사	이▨▨
9	가압류	2018년12월5일 제70452호	청구금액 금20,000,000 원 채권자 ▨▨용보증재단	이▨▨
10	가압류	2018년12월14일 제72239호	청구금액 금11,117,725 원 채권자 사단법인 ▨▨▨충남천안법인	이▨▨ ▨▨▨▨
11	가압류	2018년12월20일 제73379호	청구금액 금11,225,201 원 채권자 ▨▨캐피탈 주식회사	이▨▨
13	임의경매개시결정	2019년9월26일 제52413호	채권자 주식회사 ▨▨은행	이▨▨

3. (근)저당권 및 전세권 등 (을구)

순위번호	등기목적	접수정보	주요등기사항	대상소유자
1	근저당권설정	2014년6월17일 제40007호	채권최고액 금181,500,000원 근저당권자 주식회사 ▨▨은행	이▨▨
2	근저당권설정	2014년11월5일 제74327호	채권최고액 금16,500,000원 근저당권자 주식회사 ▨▨은행	이▨▨
3	근저당권설정	2015년7월24일 제49106호	채권최고액 금55,000,000원 근저당권자 주식회사 ▨▨은행	이▨▨
4	근저당권설정	2016년12월23일 제79121호	채권최고액 금17,000,000원 근저당권자 ▨▨▨캐피탈주식회사	이▨▨
5	근저당권설정	2017년8월11일 제53441호	채권최고액 금60,000,000원 근저당권자 정▨▨	이▨▨ ▨▨▨▨

출력일시 : 2019년 10월 14일 13시 53분 08초

1/2

인터넷 등기소에서 '등기사항 요약'을 선택하여 열람하면 마지막 페이지에 주요 등기사항 요약(참고용)이 포함됩니다. 간소하게 이 부분만 보고 권리 분석을 설명드리겠습니다. 저는 경매 강의 시간에 민사집행법 제91조 법률 조항들을 수강생들이 이해하기 쉽게 아래와 같이 3단계로 설명합니다.

3대가 행복해지는 인사이트

등기사항증명서에서 권리 분석 순서

1. '갑구'와 '을구'의 주등기 접수 날짜 순서로 취합한다.
2. 말소기준권리가 될 수 있는 후보 중 접수일자가 가장 빠른 권리를 찾는다.
3. 말소기준권리보다 빠른 선순위 권리는 인수, 후순위 권리는 소멸된다.

말소기준권리가 될 수 있는 후보는 저당권, 근저당권, 압류, 가압류, 담보가등기, 경매개시결정등기, 전세권이 있습니다. 다만 전세권은 전세권자가 경매를 신청하거나 배당요구를 신청할 경우에만 말소기준권리의 후보가 될 수 있습니다.

참고로 경매를 공부할 때 권리 분석이 복잡해 보일 수도 있지만, 실무에서 부동산 등기사항증명서는 근저당권, 가압류, 압류,

경매개시결정등기 이렇게 4종류로만 구성된 경우가 많습니다. 따라서 의외로 권리 분석의 난이도가 낮은 물건들이 대부분이죠.

3대가 행복해지는 인사이트

후순위 권리라고 모두 다 소멸되는 것은 아니고 대표적으로 진정 명의 회복을 위한 소유권이전등기말소청구 가처분과 건물철거 및 토지인도 가처분은 상황에 따라서 인수할 수 있는 부분임을 명심 해야 합니다.

그런 가처분 사건은 경매가 아닌 별도의 민사 재판부에서 진행하 기 때문에 경매를 담당하는 사법보좌관은 비록 이 가처분이 후순 위이더라도 말소를 시킬 수 없고 민사 재판의 결과에 따라 인수할 수도 있기 때문입니다.

탕정삼성트라팰리스의 권리 분석을 이 3단계를 활용해서 적용 해 본다면 등기사항증명서상 갑구와 을구의 모든 권리가 (말소기준 권리)후보가 되며 그중 접수 일자가 가장 빠른 2014년 6월 17일 근저당권이 진정한 말소기준권리가 됩니다. 따라서 말소기준권 리보다 빠른 선순위 권리는 없고, 세입자도 아닌 채무자 겸 소유 자가 직접 점유하고 있어서 경매에 관심이 있다면 누구나 부담 없 이 입찰에 참여할 수 있는 물건이었습니다.

그리고 경매는 입찰 시 권리 분석도 중요하지만 물건 분석도 중요합니다. 물건의 가치에 비례하는 금액을 잘 따져봐야 하는데 많은 사람들이 간과하는 부분 중 하나가 바로 시세 조사입니다. 시세의 의미는 그 물건의 가치에 비례하는 가격이기 때문에 매도인이 의뢰한 매도 금액[7]은 시세일 수도 있고 아닐 수도 있습니다.

입찰 당시 중간층의 시세는 3억 5천만 원 수준이었습니다. 거래가 늘면서 가격이 오르는 추세였기 때문에 소위 급매가 없던 시절이었습니다. 따라서 하루가 다르게 시세는 전고점을 뚫고 있었고 입찰 당시 3억 5천만 원이 시세라면 그 금액보다 조금만 저렴하게 낙찰받아도 이익이라고 판단했습니다.

결과적으로 매각기일에 무려 19명이 입찰에서 경합했고, 우리는 1등으로 낙찰을 받게 되었습니다. 한 달 뒤 매각기일이 다가와 잔금을 납부할 때 시세는 역시나 3억 7천만 원 수준으로 더 올라가 있었습니다.

참고로 부동산 매매계약의 경우에도 시세가 급등하면 매도인은 계약금을 배액배상하고 계약을 취소하는 경우가 있죠. 경매에서도 경매를 신청한 채권자나 채무자가 최고가매수인의 잔금 납부 전까지는 취하시킬 가능성이 있어서, 매각확정기일(매각기일 후 2주 뒤)이 지나면 서둘러 잔금을 납부하는 것이 좋습니다.

---

7 일반적으로 네이버 부동산이나 KB부동산 사이트에 매물로 올라와 있는 매도 금액

우리는 전세로 투자의 레버리지 효과를 활용하기 위해 소유권 이전 후 바로 세입자를 맞춰서 보증금 2억 9천만 원에 계약을 했습니다. 보유 기간을 고민하다가 충청남도라는 지역의 특성상 3.3㎡(평)당 1,500만 원 이상 오르긴 어려울 것이라고 판단했습니다. 그래서 해당 아파트 단지의 추이를 지켜보다가 1년도 채 안 된 11개월 만에 4억 7천만 원에 매도하게 되었습니다. 법인은 단기 매도에 대한 중과세가 없어서 보유 기간 2년 이하의 단타도 부담은 없었습니다. 그렇게 성공적인 투자로 순조롭게 마무리가 되었습니다.

여러분이 경매가 처음이라면 먼저 익숙한 지역의 자신 있는 물건(용도)을 선택하는 것이 좋습니다. 경매는 매매와 다르게 물건 분석뿐만 아니라 권리 분석도 함께 진행해야 하기에 권리 분석이 어렵고 생소하다면 물건 분석이라도 쉽고 익숙해야 실수를 막을 수 있습니다. 그렇게 경매에 대한 경험이 쌓이면서 점점 범위를 넓혀서 다양한 물건에 도전하는 것이 경매 투자의 올바른 방향이라고 생각합니다.

우리가 익숙하지 않은 지역에 투자를 위한 분석을 할 때는 도시기본계획을 이해하기 위해서 해당시·군 홈페이지에서 지구단위계획 결정(변경) 고시 등을 살펴보는 것이 정석이지만 보다 쉬운 방법으로 다음의 3가지를 추천드립니다.

첫째는 뉴스나 기사를 찾아봐야 합니다. 예를 들면 '아산탕정 호재' 또는 '아산탕정 개발' 등 구글이나 네이버에 키워드를 검색하는 거죠.

둘째는 빅데이터의 활용입니다. 부동산 빅데이터를 활용하면 도시개발계획이나 지하철, 고속도로 등 교통계획을 살펴볼 수 있습니다. 결국 도시가 확장되면서 인구가 유입되는 지역이 장기적으로 투자의 가치가 있습니다.

셋째는 가장 단순한 방법인데 지역 공인중개사 사무실에 직접 탐문을 통해 호재나 분위기를 확인하는 방법이 있습니다. 친절한 공인중개사를 만나면 그 지역의 주거, 산업, 교통 부문의 이슈를 자세히 설명해 주기도 합니다.

우리 주변엔 이렇게 무한한 정보가 널려 있는데도 이를 제대로 활용하는 사람들은 많지 않습니다.

지금까지 탕정삼성트라팰리스를 사례로 권리 분석과 물건 분석을 알아봤습니다. 많은 분들이 경매 입문을 위한 첫 관문인 권리 분석을 어려워하지만 기초적인 부분만 제대로 이해한다면 의외로 권리 분석은 어렵지 않습니다. 그리고 권리 분석보다 더 중요한 물건 분석을 정확히 파악하여 입찰가격을 잘 산정한다면 누구나 경매를 통해서 원하는 수익을 이룰 수 있습니다.

경매를 공부할 때 이론 책에만 너무 얽매이지 말고 경매 정보지의 사례를 찾아 실전으로 분석해 보세요. 그렇게 분석한 사례는 꼭 모의 입찰로 마무리를 해보시길 권장합니다.

3대가 행복해지는 인사이트

아파트 임의경매는 대부분 근저당권이 말소기준권리로 이루어져 있습니다. 차용인이 제공하는 담보에 선순위 권리가 설정되어 있으면 은행에서 대출을 꺼리기 때문이죠.

그리고 대부분의 등기사항증명서에는 근저당권, 가압류, 압류, 경매개시결정등기 이렇게 4종류로만 구성된 경우가 많아서 그런 권리들로 구성된 물건을 분석하면 권리 분석을 이해하는데 더 쉽게 다가올 수 있습니다.

06

권리 분석은 쉽다.
그러나 대항력 있는
임차인이 있는 경우엔
다르다

성공과 실패의 모든 경험을 담았다

앞에서 다뤘던 충남 아산 탕정삼성트라펠리스 사례와 같이 채무자 겸 소유자가 점유하고 있거나 대항력이 없는 임차인이 점유하고 있을 경우엔 권리 분석의 난이도가 낮은 편입니다. 대부분의 경매 물건은 등기사항증명서상 말소기준권리 이하로 소멸되어 깔끔하고, 전입세대확인서에 말소기준권리보다 전입일자가 늦은 임차인이 있어도 대항력이 없기 때문이죠. 하지만 대항력 있는 임차인이 존재하는 경우에는 면밀하고 꼼꼼하게 분석하지 않으면 사고가 날 수 있습니다.

민사집행법에 의거 말소기준권리보다 임차인의 전입일자가 빠르면 대항력[8]이 있습니다. 대항력의 의미는 임차인의 보증금과 존속기간이라는 두 가지 권리를 제3자에게도 주장할 수 있다는 뜻입니다. 결국 법원에서 배당으로 받지 못하는 임차인의 보증금은 낙찰자가 인수하게 됩니다.

---

8 주택임대차보호법에서 임차인의 대항요건은 전입신고와 점유(이사)를 모두 갖춘 날짜이며, 대항요건의 효력은 그다음 날 0시다. 점유 시점은 통상 계약서 인도일이 기준이 되겠지만 실무에서는 확인이 어려워서 전입신고일자와 같은 날짜로 간주한다.

3대가 행복해지는 인사이트

대항력은 대항요건(전입신고와 점유)을 계속해서 유지해야 합니다. 다만 경매에서 대항요건은 법적으로 배당요구종기일까지 유지하면 대항력은 존속되지만 해당 경매 사건이 취하될 경우 대항력을 상실하는 문제가 발생합니다.

따라서 부득이한 경우가 아니라면 임차인은 보증금을 배당으로 받을 때까지 대항요건을 유지하거나 임차권등기를 설정하는 것이 좋습니다.

이렇게 대항력 있는 임차인이 존재하는 물건은 반드시 입찰 전 채권자들의 배당 순서를 분석해야 합니다. 권리 분석 순서와 채권자들의 배당 순서가 달라질 수 있기 때문이죠. 대표적으로 조세채권이 신고되어 있는 경우에는 채권자들 간 배당 순서가 달라질 수 있습니다.

체납자의 부동산에 압류를 설정하거나 경매로 진행 중인 체납자의 사건에 교부청구서를 제출했다면 경매 사건이 매각될 때 국가나 지자체(채권자)는 법원으로부터 배당을 받게 됩니다. 체납 세금을 환수하는 절차죠. 그런 조세채권의 배당 순서 기준일은 국세기본법에 의거 등기사항증명서에 압류를 접수한 일자나 교부청구서[9]를 제출한 일자가 아니라 법정기일이 기준이 됩니다.

법정기일은 세목별로 조금씩 차이가 있지만 일반적으로 납세고지서 발송일로 합니다.

공매가 아닌 경매에서 납세고지서 발송일은 이해관계인이 아니라면 경매계 사건기록 열람을 확인할 수 없습니다. 아래의 권리관계로 예를 들어 보겠습니다.

- 전입신고 및 확정일자 2022년 7월 8일 홍길동(보증금 1억 원)
- 접수일자 2023년 8월 9일 압류(분당구청)

여기서 말소기준권리는 압류이며, 홍길동의 전입신고일은 말소기준권리보다 앞서기 때문에 경매에서 대항력이 있습니다. 따라서 배당 시 부족분은 낙찰자가 인수하게 됩니다. 만약 낙찰 금액이 1억 원이라고 가정할 때 분당구청 조세채권이 2천만 원, 법정기일이 2021년 4월 5일이었다면 낙찰자는 임차인의 보증금 2천만 원을 인수하게 됩니다. (경매신청비용 미포함)

결국 이런 권리관계의 경매 사건은 법정기일을 알아내는 것이 쟁점이라고 할 수 있죠.

---

9 쉽게 배당신청서라고 이해하면 된다. 체납자의 재산에 대하여 국가나 지자체가 배당을 요구하는 강제징수절차를 말한다.

예전에 저와 우리 학원의 수강생은 이런 권리관계를 갖고 있는 서울 다가구 주택에 관심이 있어서 법정기일과 체납세액을 조사하기 위해서 경매신청 채권자를 찾아간 적이 있었습니다. 해당 경매사건의 이해관계인은 경매계에 사건기록 열람이 가능하기 때문에 청구된 조세채권을 확인할 수 있습니다.

그때 경매신청 채권자의 위임장을 받아 대리인 자격으로 경매계에 직접 사건 기록을 열람하면서 임차인의 우선변제권[10]보다 법정기일이 빠른 선순위 채권이 없다는 것을 확인하고 우리 수강생은 안전하게 입찰에 참여했었습니다.

대리인으로 경매계에 방문하기까지 이 과정은 결코 쉽지 않습니다. 그리고 불행한 사실이지만 '대항력'을 깊이 있게 검토하지 않고 보통은 확률적으로 도전을 하거나 위험성도 모르고 입찰을 하는 경우도 많이 있습니다.

조세채권 자체는 낙찰자가 인수하지 않습니다. 조세채권의 법정기일이 대항력 있는 임차인의 우선변제권보다 앞서게 되면서 배당에서 밀려난 임차인의 보증금을 낙찰자가 인수할 뿐이죠. 따라서 대항력 없는 임차인이나 소유자가 점유할 경우엔 조세채권

---

10 주택임대차보호법상 임차인이 보증금을 우선 변제받을 수 있는 권리를 말하는 것으로, 임차인이 대항력과 확정일자를 갖춘 경우 임차주택이 경매 또는 공매로 매각될 때 그 경락대금에서 다른 후순위권리자보다 먼저 배당을 받을 수 있는 권리를 말한다.

을 유심히 검토하지 않아도 됩니다.

3대가 행복해지는 인사이트

2024년 7월 10일부터 공인중개사의 확인·설명 의무가 강화되면서 앞으로는 임대차계약 체결시 임대인의 국세 및 지방세 체납 정보를 확인할 수 있게 되었습니다.

2024년 7월 10일 이후 전입한 대항력 있는 임차인이 존재하는 경우 선순위 조세채권에 대한 위험은 거의 사라질 겁니다.

다음은 법정기일과 관련된 특별한 에피소드가 있어서 소개합니다.

2023 타경 ▇▇▇ (임의)		매각기일 : 2023-12-18 10:00~ (월)		경매4계 063-450-5164	
소재지	전라북도 군산시 동흥남동 100 군산동흥남주공아파트 제104동 ▇▇ ▇▇				
	[도로명] 전라북도 군산시 동흥남일 9 제104동 ▇▇▇▇ [동흥남동 100군산동흥남주공아파트]				
용도	아파트	채권자	안○○	감정가	164,000,000원
대지권	74.788㎡ (22.62평)	채무자	박○	최저가	(70%) 114,800,000원
전용면적	84.86㎡ (25.67평)	소유자	박○	보증금	(10%)11,480,000원
사건접수	2023-03-13	매각대상	토지/건물일괄매각	청구금액	130,000,000원
입찰방법	기일입찰	배당종기일	2023-06-12	개시결정	2023-03-16

기일현황

회차	매각기일	최저매각금액	결과
신건	2023-11-06	164,000,000원	유찰
2차	2023-12-18	114,800,000원	매각
	김○○/입찰7명/낙찰157,301,000원(96%)		
	2023-12-26	매각결정기일	허가
	2024-01-31	대금지급기한 납부 (2024.01.30)	납부
	2024-02-22	배당기일	완료
	배당종결된 사건입니다.		

위 아파트의 시세는 1억 8천만 원입니다. 그리고 대항력 있는 임차인은 보증금 1억 3천만 원에 대해서 우선변제권도 갖추고 있었습니다. 1회 유찰되자 우리 학원의 수강생 김○○님이 호기롭게 낙찰을 받았습니다. 본인이 쓴 입찰 금액 1억 5,700만 원에서 임차인의 보증금 1억 3천만 원까지 모두 법원에서 깔끔하게 배당으로 받게 될 거라는 계산을 한 거죠.

낙찰 후 수강생은 최고가매수인이라는 이해관계인 자격으로 경매계에 가서 사건기록을 열람했는데, 다음의 문서를 보는 순간 놀란 마음에 학원으로 급하게 전화를 걸어 왔습니다.

"부원장님 방금 제가 낙찰을 받았는데 권리 분석을 잘못한 것 같습니다."

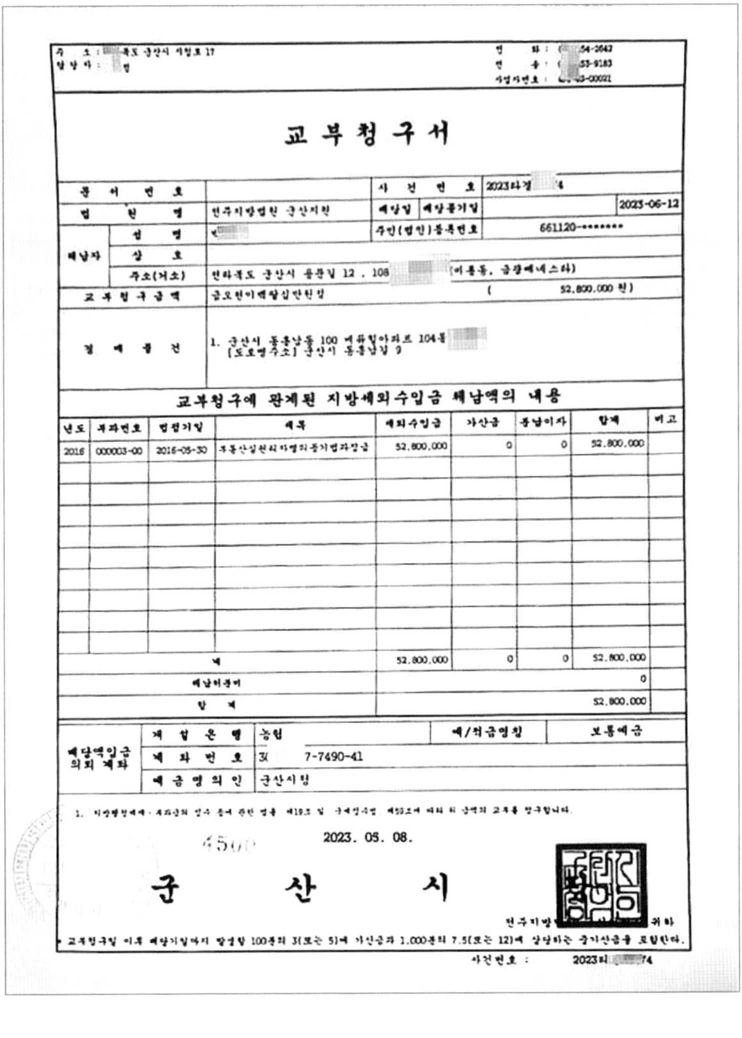

교 부 청 구 서

문 서 번 호		사 건 번 호	2023타경 4
법 원 명	전주지방법원 군산지원	배당일 / 배당종기일	2023-06-12
체납자 성 명		주민(법인)등록번호	661120-*******
체납자 상 호			
체납자 주소(거소)	전라북도 군산시 ... 12 , 108 (... 동, ...)		
교부청구금액	금오천이백팔십만원정 (52,800,000 원)		
경 매 물 건	1. 군산시 ...동 100 ...아파트 104동 [도로명주소] 군산시 ...길 9		

교부청구에 관계된 지방세외수입금 체납액의 내용

년도	부과번호	법정기일	세목	세외수입금	가산금	중납이자	합계	비고
2016	000003-00	2016-05-30	부동산실권리자명의등기법과징금	52,800,000	0	0	52,800,000	
계				52,800,000	0	0	52,800,000	
체납처분비				0				
합 계				52,800,000				

배당액입금의뢰 계좌	개 설 은 행	농협	예/적금명칭	보통예금
	계 좌 번 호	3(7-7490-41		
	예 금 명 의 인	군산시청		

1. 지방행정제재·부과금의 징수 등에 관한 법률 제19조 및 국세징수법 제59조에 따라 위 금액의 교부를 청구합니다.

2023. 05. 08.

4500

군 산 시

전주지방 ... 귀하

교부청구일 이후 배당기일까지 발생할 100분의 3(또는 5)에 가산금과 1,000분의 7.5(또는 12)에 상당하는 중가산금을 포함한다.

사건번호 : 2023타 74

교부청구서에 무려 5,200만 원의 '부동산 실권리자명의 등기법 과징금'이 있었고 법정기일은 2016년 5월 30일이라고 기재된 서류였습니다. 이 경매 사건에 대항력 있는 임차인의 우선변제일 2021년 2월 5일보다 앞선 날짜였습니다. 그 순간 수강생은 정말 맥이 빠지는 느낌이었을 겁니다.

경매를 공부하면서 희미하게 기억하고 있던 '법정기일'이 갑자기 눈에 들어오면서 과징금과 임차인의 보증금이라는 채권 배당 순서를 계산하게 되었다고 했습니다. 임차인의 보증금 중 일부 3천만 원을 낙찰자가 인수하게 된다면 결과적으로 시세보다 더 높게 매입하는 최악의 상황이 될 수도 있었습니다.

1억 5,700만 원에 낙찰받은 수강생이 판단한 배당 순서는 다음과 같습니다.

- 2016년 5월 30일 52,800,000원(부동산 실권리자명의 등기법 과징금)
- 2021년 2월 5일 130,000,000원(대항력 있는 임차인의 보증금)

수강생은 확실한 점검을 위해 법원 경매계를 나와 인근 법무사를 찾아갔습니다. 그리고 법무사의 답변을 듣고 안도의 숨을 쉴 수 있었습니다. 과징금은 징수 순위에 특별한 규정이 없기 때문에 원칙적으로 일반채권과 동순위로 배당을 받게 됩니다. 다행스럽게도 낙찰 금액 외 별도로 인수할 금액은 없었고 시세보다 낮게 낙찰받은 원우님은 1억 7,300만 원에 매도를 하고 투자를 마무리하게 되었습니다.

그리고 나중에 알게 되었는데 사실 원우님은 대항력 있는 임차인 사건임에도 불구하고 조세채권을 체크하지 않고 권리 분석을 했었다고 말했습니다. 이러하듯 입찰에 참여하는 많은 사람들은 임차인의 보증금보다 본인이 쓰는 입찰 금액이 더 높으면 리스크가 없다고 착각하거나 조세채권 부분을 간과합니다. 그리곤 낙찰 후 소중한 입찰 보증금을 포기하기도 합니다. 모두 대항력을 깊게 고민하지 않아서 발생할 수 있는 사고입니다.

권리 분석은 어렵지 않습니다. 그러나 대항력 있는 임차인이 있는 경우엔 결코 쉽지 않습니다. 조세채권의 법정기일은 이해관계인만 경매법원에 열람 신청이 가능하기 때문에 다양한 이해관계인 중에서도 경매를 신청한 채권자를 찾아가서 협상하는 것이 정석입니다.

어느 물건이라도 대항력 있는 임차인이 배당 신청을 했다면 반드시 조세채권을 꼼꼼하게 확인해서 입찰에 참여하길 바랍니다. 다시 한번 강조하지만 경매에서 세금은 낙찰자가 인수하지 않습니다. 세금 때문에 대항력 있는 임차인의 보증금을 인수하는 것입니다.

3대가 행복해지는 인사이트

채권 종류별 배당 순위를 알아야 안전한 입찰을 준비할 수 있습니다. 더 나아가 NPL 투자까지 검토한다면 반드시 알아야 합니다.

- **1순위** : 경매 집행비용
- **2순위** : 저당물의 제3취득자가 지출한 필요비·유익비
  (제3취득자의 비용상환청구권)
- **3순위** : 소액 임차인의 최우선변제금, 근로자의 임금채권
  (최종 3개월분 급여, 최종 3년간 퇴직금)
- **4순위** : 당해세(상속세, 증여세, 종부세, 재산세 등) 단, 지방세기본법 개정으로 주택은 당해세 금액만큼 임차 보증금이 우선하여 배당받게 됨
- **5순위** : 법정기일이 저당권보다 앞서는 조세채권
- **6순위** : 납부기한이 저당권보다 앞서는 공과금(4대 보험)
- **7순위** : 담보물권(저당권, 질권, 담보가등기), 전세권, 우선변제 임차권
- **8순위** : 3순위 임금채권을 제외한 기타 임금채권
- **9순위** : 법정기일이 저당권보다 뒤서는 조세채권
- **10순위** : 납부기한이 저당권보다 뒤서는 공과금(4대 보험)
- **11순위** : 일반채권, 재산형, 과태료, 국유재산 사용료, 대부료 등

간혹 대항요건만 갖추고 확정일자가 없는 임차인이 배당요구 신청을 하면 11순위 일반채권으로 배당을 받을 것이라고 혼동하는 경우가 있는데, 대항요건을 갖춘 임차인은 배당요구신청을 하였더라도 확정일자(우선변제권)가 없으면 배당을 받을 수 없습니다.

07

발품 실전 가이드
(임차인 미상)

성공과 실패의 모든 경험을 담았다

제가 운영하는 유튜브 채널 『경매어선생』의 컨텐츠로 '신혼부부 내 집 마련하기' 프로젝트를 촬영한 적이 있습니다. 함께 촬영하게 된 예비부부는 신혼집 마련을 꿈꾸는 우리 학원의 20대 수강생이었습니다.

유튜브 경매어선생

"신혼부부가 내 집 마련하는 방법 딱 정리해 드립니다."편

분당NPL경매학원 수업을 듣는 50~60대 수강생분들이 자주 하는 말씀 중 하나가 "한 살이라도 어릴 때 수업을 들었어야 했는데."라는 것입니다. 경매는 남녀노소 누구나 가능하기에 그만큼 매력적인 미학을 하루라도 더 빨리 알았더라면 하는 후회가 들기 때문 아닐까요?

예비부부 수강생은 젊은 나이임에도 부동산 투자에 대한 생각이 확고했습니다. 저는 대견한 마음이 들어 수강생이자 예비부부가 경매로 그 꿈을 이룰 수 있도록 관심을 갖고 도와주고 싶었습니다.

우선 지금까지 입찰을 시도했던 물건들과 관심있는 물건에 대한 상담을 했습니다. 수강생이 원하는 조건은 매입 자금 6억 원에서 9억 원 사이 아파트이며, 면적은 32평형 전·후, 생활권이 양호

한 경기도 안양, 수원, 성남, 용인 지역이었습니다. 결론적으로 대부분의 신혼부부가 선호하는 물건이라는 거죠. 예비부부 수강생은 최근까지 패찰의 연속이었다고 했는데 아마도 누구나 선호하는 입지를 가진 아파트 중에서 권리 관계까지도 깨끗한 물건에만 입찰을 들어가서 그랬을 겁니다.

그리고 패찰 경험이 쌓일 대로 쌓인 수강생은 '경매는 시세보다 저렴하게 취득할 수 있다는데 막상 해보니까 시세와 근접하게 입찰가격을 적어야 낙찰되는 구조가 아닌가?'라는 의구심까지 들었다고 했습니다.

상담 중 "경매는 시세보다 10% 이상 저렴하게 받을 수 있습니다."라는 저의 답변에 공감을 못하고 의심하는 눈초리도 받았습니다.

예비부부 수강생이 원하는 조건은 유지하면서 복잡한 권리가 있는 물건으로 추천을 해줘야겠다고 생각했습니다. 부동산 초급자들은 매듭이 한 번이라도 꼬여있는 실은 풀 생각을 잘 안 하거든요. 평범한 권리의 입찰자가 10명이 들어온다면 조금이라도 위험성이 보이는 권리의 입찰자는 5명 정도 될 겁니다. 통계적으로 그렇습니다.

경매 정보지를 보면서 처음 선별했던 물건은 '대지권 미등기', '대지권 없음'이었지만, 더 불명확하고 난해한 '대항력 있는 임차인의 보증금 미상' 물건으로 방향을 잡았습니다. 예비부부 수강생들과 유튜브 촬영 전날까지 물건을 찾다가 용인시 수지구 동천동 레미안이스트팰리스가 눈에 들어왔습니다. 2023년 8월 그 당시 시세는 11억 5천만 원에서 12억 원이었고 입찰 최저가는 8억 원으로 저감된 상태였습니다. 대항력 있는 임차인의 보증금 '미상'이라고 기재된 정보지를 보면 섣불리 입찰에 참여할 수 없어서 유찰이 된 거죠.

유튜브를 촬영하던 날 실마리를 찾기 위해 수강생과 함께 임장을 나갔습니다. 레미안이스트팰리스는 1차부터 4차까지 2천 세대가 넘는 대단지로 단지 내 초등학교와 중학교, 그리고 다양한 인프라로 구성된 동천동에서 유명한 아파트였습니다. 유명 연예인도 살았던 단지였습니다. 예비부부 수강생도 이 아파트가 마음에 들었는지 두 눈이 커지면서 이곳에서 미래를 그리는 대화를 주고 받았습니다.

"여기서 아예 자녀가 클 때까지 살아도 되겠는데?"

"그치, 생각보다 너무 좋다."

그 대화를 듣고 저는 뿌듯함을 느꼈습니다.

현장에서 정확한 시세와 미납 관리비 여부도 확인을 했고, 마지막으로 난해한 임차인의 신원을 확인하기 위해 해당 호실의 우편함을 슬쩍 열어 보았습니다. 우편에서 채무자의 이름이나 임차인의 이름을 확인하면 그 두 명의 관계에 대해서 유추할 수 있기 때문이죠. 마침 우편함에 우편물이 하나 놓여 있었습니다. 그리고 소유자 겸 채무자의 이름을 발견하는 순간 느낌이 왔습니다. 상식적으로 임대인의 우편이 임대를 놓은 집으로 송달될 수 없잖아요.

그렇다면 가족관계일 확률이 굉장히 높고, 가족관계라면 임차인의 보증금도 없다고 볼 수 있습니다. 그리고 확실한 정답을 찾기 위해 목적물의 근저당권자에게 접촉하여 소유자와 임차인은 부부관계라는 답변도 받아냈습니다.

3대가 행복해지는 인사이트

가족 간에도 주택임대차보호법이 인정됩니다. 하지만 부부 간 임대차계약은 사실 관계를 갖추었더라도 임대차가 인정되지 않습니다. 대부분 임차인의 보증금이 미상으로 기재가 된 경우는 가족관계일 확률이 높지만 간혹 진성 임차인인 경우도 있습니다.
임대차 관계의 불투명한 정보는 아래의 방법으로 사실관계를 확인할 수 있습니다.

- 우편함을 확인해 봅니다. 수신인이 임대인이라면 가족 관계일 확률이 높겠죠.
- 탐문을 통해서 소유자와 임차인의 관계를 물어볼 수 있습니다.
- NPL을 공부하면 경매에서 더 많은 정보가 눈에 들어오게 됩니다.

예비부부 수강생의 도전에 낙찰 확률을 높이기 위해 난이도 있는 물건으로 제안을 했는데 우편함에서부터 너무 쉬운 힌트를 찾아서 허무한 마음도 들었습니다. 왠지 이번 매각기일에 여러 명이 입찰에 참여할 것 같은 예감이 들었습니다.

예비부부 수강생은 입찰 금액을 8억 5천만 원으로 정했습니다. 그 입찰 가격은 시세보다 무려 3억 원이나 저렴한 금액입니다. 사실 저는 9억 원을 추천하고 싶었지만 제 조언이 결과에 어떻게 영향을 미칠지 모르기 때문에 조심스러웠고 입찰 금액은 예비부부 수강생이 정하는 그대로 지켜봤습니다.

매각기일이 되었습니다. 그날 저는 다른 일정이 생겨서 법원에 함께 가지 못하게 되었습니다. 제 입찰도 아닌데 괜히 저까지 간절해지던 그날 다른 장소에서 일하고 있던 저는 집중을 못 하고 예비부부 수강생의 경매 결과만 기다리고 있었습니다.

'개찰이 끝났을 것 같은데.'라는 생각을 하고 있던 12시 30분경, 조용하던 휴대폰 벨이 울렸습니다.

"어쌤! 입찰자는 총 3명이 들어왔고 저희는 너무도 아쉽게 2등이 됐어요. 그래도 값진 경험을 얻었고 앞으로 도전하는데 큰 힘이 될 것 같아 감사했습니다."라는 말을 전해왔습니다. 그렇게 '신혼부부 내 집 마련하기' 프로젝트는 명도 후 실거주까지 성공적인 마침표를 찍고 싶었지만, 이야기를 더 이상 이어가지 못하고 아쉬운 패찰로 마무리를 하게 되었습니다.

그런데 그날 오후 다른 어떤 수강생이 갑자기 전화를 걸어 왔습니다.

"어쌤, 방금 제가 용인 수지의 아파트를 낙찰받았는데 권리관계가 조금 복잡해서 경락 대출이 가능할지 모르겠네요."

낙찰된 물건은 바로 그 동천동 레미안이스트팰리스였습니다. 신혼부부 수강생과 함께 검토했던 프로젝트 물건의 1등이 우리 학원의 또 다른 수강생이었던 거죠. 같은 공간에 있던 수강생들의 희비가 교차하는 순간이었습니다.

수강생이 쓴 입찰가격은 9억 500만 원으로 시세보다 무려 2억 5,000만 원이나 저렴하게 낙찰을 받았습니다.

그리고 대항력 있는 임차인 이○○은 소유자 겸 채무자 전○○의 배우자가 맞았습니다. 낙찰받은 다른 수강생은 가족관계증명서를 확보해서 정상적으로 은행에 경락 대출을 받아 잔금을 납부했습니다. 명도도 소정의 이사비로 수월하게 마쳤습니다.

수강생은 2년 뒤 매도할 계획으로 임대차 계약을 체결했습니다. 그렇게 보증금 7억 5천만 원으로 낙찰 금액의 83%나 되는 레버리지를 활용하여 '장기 보유 전략' 홈런 투자가 시작된 겁니다. 잔금 납부 시 받은 은행의 대출금을 전세 보증금으로 모두 상환했으니 고금리 시대에 오히려 무이자 대출을 받은 셈입니다.

아파트전세계약서

임대인과 임차인 쌍방은 아래 표시 아파트에 관하여 다음 내용과 같이 임대차계약을 체결한다.
1. 부동산의 표시

소 재 지	경기도 용인시 수지구 동천동 923 한빛마을래미안이스트팰리스4단지 1403동 ▉▉▉					
토 지	지 목	대	대지권의 비율 65949분의 71.339	대지권의 목적인 토지	65949 m²
건 물	구 조	철근콘크리트	용 도	공동주택(아파트)	전용면적	117.51 m²
임대할 부분	1403동 503호 전부					

2. 계약내용
제 1 조 (목적) 위 부동산의 임대차에 한하여 임차인은 임차보증금을 아래와 같이 지불하기로 한다.

보 증 금	金 칠억오천만원정	(₩750,000,000)		
계 약 금	金 칠천오백만원정	(₩75,000,000) 은 계약시에 지불하고 영수함. 영수자		印
잔 금	金 육억칠천오백만원정	(₩675,000,000) 은	2024년 03월 28일	에 지불한다.

아쉽게 2등을 했던 예비부부 수강생이 그동안 가지고 있었던 경매의 이미지는 '입찰 경쟁이 치열하고, 결국 시세와 근접하게 입찰 금액을 써낸 사람이 낙찰이 된다.'였다면 이번 프로젝트를 함께한 이후로 생각이 달라졌을 겁니다. 입찰자 수는 3명이었으니 낙찰될 확률은 33%나 됐었죠. 이번 경험을 토대로 조금 더 깊이 있게 공부하면 경매만의 장점을 백번 활용하여 매매보다 훨씬 저렴한 금액으로 부동산을 매입할 수 있을 겁니다.

진입장벽이 낮으면 낮을수록 누구나 쉽게 참여하기 마련이니까요.

08

구분 없는
상가의 묘미

성공과 실패의 모든 경험을 담았다

경매를 시작하면서 제가 있는 법인 명의로 아파트, 빌라, 오피스텔 여러 채를 사고팔았습니다. 그렇게 부동산 호황기 때 주택을 집중적으로 투자했는데, 개인이 아닌 법인으로 주택을 취득할 경우 여러모로 유리했습니다. 취득 시 지금처럼 12% 중과세나 매도할 경우에도 주택 20% 중과세가 적용되지 않았기 때문이죠. 주택 투자는 분석이 쉽고 안정성과 환금성이 좋아서 지속적으로 소소한 수익을 내고 있었습니다.

그러던 중 2020년 7월 10일 정부에서 새롭게 부동산 정책이 발표되면서 다주택자 및 법인 취득에 대한 중과세 규제가 시작되었습니다. 법인은 무조건 개인 4주택자 이상과 같은 최고 세율 12%로 취득세가 개정되었습니다. 금리가 내려가면서 부동산 투자의 광풍이 불자 규제를 강화한 겁니다. 변경된 세법으로 인해 주택 소유권을 법인으로 취득하기가 어렵게 되었습니다. 4년 전이지만 지금도 그날의 답답했던 기억이 생생합니다. 당시 주택 시장은 호황이었고, 저는 소위 돈이 될 만한 아파트들을 접을 수밖에 없었습니다. 제 개인 명의로 소유권을 취득 할 수 없었던 이유는 그때 당시 저는 '생애최초'라는 타이틀을 유지해야만 했거든요.

모든 기업은 미래 생존을 위해 신사업을 발굴합니다. 성장하지 않으면 경쟁에서 밀려나거나 한계에 부딪혀서 도태됩니다. 저도 그런 기업의 경영 전략처럼 지금부터는 투자의 대상을 주택에만 한정하지 않고 토지나 상가 등 용도의 제한 없이 검토하기로 마음을 먹었습니다.

그렇게 상가나 토지 위주로 물건을 찾아 임장을 다니던 중, 어느 날 7호선 사가정역 초역세권 1층 상가가 눈에 들어왔습니다. 서울 중랑구 면목동 7호선 일대는 유동인구가 많은 편입니다. 인구 대비 상대적으로 개발이 안 된 면목동은 지속적으로 주택정비사업이 예정되어 있습니다. 그런 유망한 지역의 1층 상가의 권리나 물건의 관계마저도 평범했다면 주택과 마찬가지로 경쟁이 치열했겠지만 이 물건은 조금 특별한 부분이 있었습니다.

역시나 평범하지 않았는지 2021년 5월 17일 매각기일에 우리 법인을 포함해서 2명만 입찰에 참여했고 8억 6천만 원에 낙찰을 받았습니다.

2020 타경 ■■ (임의)		매각기일 : 2021-10-19 10:00~ (화)		경매9계 02-910-3679
소재지	(02214) 서울특별시 중랑구 면목동 472-8외 6필지 아람플러스리빙 제1동 ■■, ■, ■외건 [도로명] 서울특별시 중랑구 면목로44길 28, 제1동■■ ■ [면목동 472-8외 6필지 아람플러스리빙]			
용도	상가(점포)	채권자	정ㅁㅁ	감정가	1,424,000,000원
대지권	41.3108㎡ (12.5평)	채무자	김OO	최저가	(64%) 911,360,000원
전용면적	135.2634㎡ (40.92평)	소유자	김OO	보증금	(10%)91,136,000원
사건접수	2020-02-07	매각대상	토지/건물일괄매각	청구금액	100,000,000원
입찰방법	기일입찰	배당종기일	2020-04-27	개시결정	2020-02-10

기일현황 ▼간략보기

회차	매각기일	최저매각금액	결과
신건	2021-01-25	1,424,000,000원	유찰
2차	2021-03-08	1,139,200,000원	유찰
3차	2021-04-12	911,360,000원	유찰
4차	2021-05-17	729,088,000원	매각

분OOOOOO/입찰2명/낙찰 858,000,000원 (60%)
2등 입찰가 : 732,222,000원

낙찰받은 목적물은 10평짜리 상가 4칸이고, 위치는 대로변이 아닌 측면이었습니다. 목적물엔 기존 임차인이 있었는데 대형마트가 4개 호실(○○호 외 3건)을 포함하여 1층 전체에서 영업 중이었습니다.

평범하지 않다고 말씀 드린 이유는 다른 호실과 함께 사용하는 구분이 없는 상가이기 때문입니다. 대표적으로 헬스장이나 이런 대형마트는 서로 다른 구분소유자(임대인)들이 한 명의 임차인과 각각 임대차계약을 체결하기도 합니다. 또는 사업이 커지면서 인접한 호실까지 확장하게 되는 경우도 있고요.

구분이 없는 상가는 장·단점이 있습니다.
상가 내 핵심 위치가 매각 대상 물건이라면 임차인의 영업력과 매출은 물론이고 임차인의 대항력 유·무가 상당히 중요합니다. 보통 그런 경우엔 대부분 재계약을 할 수밖에 없습니다. 상가 투자에서 가장 위험한 공실로 연결될 가능성이 낮아서 안정적인 임대사업이 가능한 거죠. 반면 벽체 구분이 없어서 대출이 어렵고, 이해관계가 얽혀서 충돌이 생기거나 낙찰받은 목적물이 핵심 위치가 아니라면 고립될 수도 있습니다.

장점과 단점을 잘 파악해서 물건을 선별한다면 오히려 구분이 없는 상가는 경쟁력 있는 상가 투자로 성공할 수 있습니다.

낙찰받은 목적물은 단점보다 장점이 월등한 조건이었습니다.

대형마트 임차인은 2014년경부터 장사를 이어오고 있었습니다. 상가는 네이버 방문자 리뷰를 확인하면 분위기를 쉽게 파악할 수 있는데 리뷰가 무려 10,000개나 달려있었습니다. 그리고 임장을 가도 마트 매장에는 손님들이 꾸준히 있었습니다. 그러면 이미 형성된 권리금도 무시하진 못하겠죠.

경매로 8억 6천만 원에 매입을 앞두고 있었지만 일반 매매를 한다면 시세는 11억 원이고, 임대차 시세는 3.3㎡(평)당 10~12만 원 수준이었습니다. 대형마트가 낙찰자인 우리와 재계약을 할 경우 목적물의 차임은 약 500만 원(40.92평×12만 원)으로 맞출 자신이 있었습니다. 따라서 임대 수익률은 7.3%로 대출을 받지 않아도 괜찮은 조건이었죠.

구분이 없는 상가는 대출이 어렵다고 하지만 그 당시 전국 수십 군데의 금융회사에 전화해 결국 전라남도 어느 농협에서 낙찰 금액의 40%까지 대출이 가능하다는 회신도 받아냈습니다. 제공되는 정보가 부족한 경매 투자에서는 손품과 발품으로 끈기 있게 돌파구를 찾아내는 자세가 무엇보다도 중요하다는 것이 입증되는 순간이었습니다.

그렇게 치밀한 준비를 하던 중 법원 경매계로부터 전화가 왔습니다. 채무자 겸 소유자의 매각불허가 신청이 결정돼서 입찰 보증금을 환급받으라는 내용이었습니다. 매각불허가 신청 사유는 '물건명세서의 잘못된 기재로 인해 유찰이 반복되면서 낮은 금액으로 낙찰이 되었다. 해당 내용을 정정한 후 신건부터 재진행을 해야 한다.'라는 취지였습니다. 사실 저는 입찰 전 물건명세서의 오류를 알고 있었습니다. 그럼에도 불구하고 입찰에 참여했던 이유는 그 오류가 낙찰자에게 특별히 불이익이 없다고 판단했기 때문입니다. 그래서 저는 입찰에 참여했지만 다른 사람에게는 입찰을 꺼리게 만드는 요인이 될 수도 있었던 겁니다.

계획했던 전략과 기대가 낙찰 후 일주일 만에 허무하게 끝났고 법원으로부터 입찰 보증금을 환급받았습니다. 불허가 결정 후 다시 경매가 처음부터 진행되던 중 해당 사건의 채무자는 채무를 변제하고 경매를 취소시켰습니다.

후일담이지만 2년 뒤 취소되었던 목적물의 2칸이 다시 경매로 나와서 예전부터 영업 중인 대형마트가 낙찰을 받아갔습니다. 2년 전 우리는 3.3㎡(평)당 2,100만 원에 낙찰을 받았었고, 2년 후 대형마트는 3.3㎡(평)당 2,400만 원에 낙찰을 받게 되었습니다.

3대가 행복해지는 인사이트

매각불허가 사유는 법원의 매각 절차상 하자 또는 최고가매수인의 하자가 있습니다.

1. 법원의 매각 절차상 하자
- 강제집행을 허가할 수 없거나 집행을 계속 진행할 수 없을 경우
- 이해관계인에게 경매 절차에 대한 송달이 되지 않은 경우
- 감정평가서, 물건명세서, 현황조사서의 오류가 있는 경우
- 부동산 표시가 현황과 크게 차이가 있거나 누락된 경우
- 권리관계를 잘못 표시한 경우

● 천재지변 등 그 밖의 중대한 하자가 있는 경우

이런 경우 최고가매수인의 입찰 보증금은 환급을 받게 됩니다.

2. 최고가매수인의 하자

● 농지취득자격증명서를 제출하지 않은 경우

● 채무자, 감정인, 집행관 등이 최고가매수인이 된 경우

● 이전 매각기일 잔금을 미납한 낙찰자가 다시 입찰에 참여하여 최고가매수인이 된 경우

이런 경우 최고가매수인의 입찰 보증금은 몰수를 당하게 됩니다.

대부분의 사건은 매각기일 7일 뒤 불허가보다는 매각허가 결정으로 다음 절차가 진행됩니다. 불허가가 결정되었을 때 구체적으로 어떤 사유인지 제3자는 알 수 없지만, 불허가 결정 후 최저가가 감정가부터 신건으로 다시 진행이 된다면 법원의 매각 절차상 하자라고 예상할 수 있습니다.

09

지울 수 없는
경매인의 빨간 줄

성공과 실패의 모든 경험을 담았다

학원 관계자 및 수강생들과 함께 투자를 진행하면서 유종의 미를 거두지 못한 무거운 사례라서 조심스럽지만 부동산 투자에 관심 있는 많은 분들이 저와 같은 실패를 겪지 않았으면 하는 바람으로 이야기를 적어 보겠습니다.

2020년 봄이 끝날 무렵 우리 법인의 어느 직원이 입찰 물건을 제안했습니다. 대전에 있는 프라자 상가 1층 34평인데 감정가 13억 원에서 당시 최저가는 3억 원으로 24%까지 유찰된 상태였습니다. 매각기일 전날 직원 2명이 임장을 다녀왔고 저는 현장에 가지 않아 사무실에서 모니터를 함께 보면서 브리핑을 들었습니다. 온라인 맵으로 확인하니 왕복 8차선 대로변에 있는 프라자 상가의 맞은 편엔 대전복합버스터미널이 보였습니다. 그리고 공실 상태인 해당 상가에 임대차를 맞추면 월세를 200만 원 정도 받을 수 있다고 들었습니다. 그렇게 검토를 마치고 다음 날 입찰을 보게 되었습니다.

임대 수익률을 고려했을 때 이전 회차(감정가의 34%) 정도는 입찰 금액으로 적어야 낙찰이 될 것 같아서 4억 5,700만 원으로 감정가의 35%를 쓰기로 결정했습니다. 매각기일에 6명이 참가하여 우리 법인이 낙찰을 받았고, 2등은 4억 5,300만 원으로 정말 근소한 차이로 패찰을 했습니다. 하지만 짜릿했던 그땐 몰랐습니다. 4년 동안 헤어 나오지 못할 늪에 빠지는 순간이었다는 것을요.

2등과 400만 원 차이로 운명이 바뀌게 되었습니다.

낙찰 후 경락 대출 3억 원을 받아서 공동 투자를 희망하는 수강생과 학원 관계자까지 총 20명은 각 1천만 원씩 투자를 하게 되었습니다. 잔금 납부 후 관리실에서 상가의 비밀번호를 받았고 별도의 명도 절차는 없었습니다. 순조롭게 임대를 위한 준비가 다되었고 인근 공인중개사 사무실에 임대차 의뢰를 하였습니다. 그런데 한 달이 지나도 임대 문의는 거의 없었습니다. 코로나19의 영향도 있었겠지만 우리 호실의 위치는 대로변이 아니고 건물 후면 통로쪽에 위치한 내부 상가였기 때문에 상대적으로 수요가 적었던 것입니다. 내부에 위치한 호실의 경우 대로변에서 노출이 되지 않아 목적을 가지고 먼저 찾아서 오거나 프라자 건물이 활발하게 운영될 때에 손님을 기대할 수 있습니다. 문제는 당시 낙찰받은 프라자 상가의 2층부터 고층까지 층별 공실률이 50% 이상이라는 점이었습니다. 다른 층들도 경매로 진행되는 호실들이 하나씩 눈에 보이기 시작했습니다. 프라자 상가 전체가 불안하게 흔들렸던 이유는 배후세대가 부족했기 때문이었습니다. 상가는 배후세대가 기본이니까요.

두 달 정도의 기다림 끝에 겨우 임대 문의가 들어왔습니다. 임차 의뢰인은 미용실을 운영할 목적이었고 가장 중요한 월세는 200만 원이 아닌 150만 원으로 계약하는 조건이었습니다. 업종은 우리 호실에 적합했지만 이 물건은 개인 소유도 아니고 수강생들과 함께 투자 중인 물건이라서 임대수익률이 4% 밖에 나오지 않는다면 양도차익도 기대하기 어려워 보여였습니다. 수강생들과 고민 끝에 계약하지 않기로 결정했습니다. 그런데 그 뒤로 급격하게 대전 지역의 상권이 무너지면서 기대하고 있던 임대 문의마저 끊기기 시작했습니다. 당시 공인중개사 사무실 몇 군데에 물어봐도 우리 상가만의 문제가 아니라 전체적으로 거래가 얼어붙었다고 했습니다. 그때가 2020년 하반기였는데 여러분도 그 당시 사회·경제적 분위기를 떠올려 본다면 이해가 되실 겁니다.

그리고 그 시기에 이 물건을 제안했던 직원도 퇴사를 하면서 자연스럽게 제가 담당자가 되어 관리하게 되었습니다. 물론 입찰을 제안했던 그 직원을 탓하는 것은 아닙니다. 판단과 결정은 학원에서 했기 때문이죠. 저는 2019년부터 부동산대학원을 다니고 있었지만 이론적인 학문과 실전 투자는 전혀 다른 분야임을 절실히 느꼈습니다. 그때 전 부동산 투자에 대한 실전 경험도 부족했었고, 솔직히 말하자면 정확하게 물건을 분석할 수 있는 혜안도 부족했습니다. 입찰 전날 브리핑을 들었을 때 막연히 '대로변 상가'와 '버스터미널'이라는 큰 틀에만 주목을 했던 것 같습니다.

점점 상황이 악화될 것 같아 수익은 포기하더라도 손해 없이 5억 원에 매각해서 빠져나오고 싶었지만 매수자도 찾기가 쉽지 않았습니다. 시간이 지날수록 매월 대출 이자 100만 원과 공용관리비 30만 원씩 프로젝트 통장에서 지출되고 있었습니다. 조금씩 빠져나가는 통장의 잔고를 보면서 처음으로 위기감을 느끼게 되었습니다. 당근 마켓에 광고를 올려보고 네이버 카페 직거래, 건물 내 다른 호실 소유자 수십 명에게 우편을 보내는 등 우리 상가와 아무리 씨름을 해봐도 돌아오는 소득은 없었습니다.

그러던 중 몇 개월만에 임대 문의가 왔는데 임차 의뢰인은 월세 100만 원이면 계약하겠다고 했습니다. 수강생들과 가부를 결정했는데 다수결에 의해 공실 상태를 유지하기로 했습니다. 월세 100만 원은 생존하기 위해 장기 보유로 유지할 경우에만 선택할 수 있는 방안이었습니다. 100만 원에 임대차를 계약하면 대출 이자와 관리비까지 커버되어 더 이상 지출은 없을 테니까요. 하지만 그렇게 되었을 때 수익률 문제로 매도는 쉽지 않겠죠. 우리는 하루라도 빨리 그곳에서 빠져나오고 싶었습니다. 신도시 상가들이 공실로 유지하면서 버티는 이유와 같습니다.

2021년이 되면서 매수 문의는 전혀 없었고 그나마 월세 80만 원에 임대 문의만 몇 번 왔었던 것 같습니다. 대로변 호실을 사용 중인 어떤 임차인은 우리 호실을 창고로 사용하겠다며 월세 50만 원 단기 임대 문의도 왔었습니다.

많은 사람들이 부동산 투자에서 수익을 물어볼 때 단순하게 이렇게 물어봅니다.

"그래서 얼마에 사서, 얼마에 팔았어?"

"5억 원에 매입해서 얼마 전 6억 원에 매도했어."

"와~ 1억 원 정도 번거야?"

부동산을 유지하고 관리하는 비용들은 반영이 되지 않은 계산입니다. 시간이 지나면서 우리가 들어간 비용은 5억 원을 초과했습니다. 점점 늪에 빠져 들어가는 기분이었죠. 2022년이 되면서 프로젝트 통장의 잔고가 부족해서 수강생들에게 추가금을 모집해야 하는데, 수강생들에게 부담을 주지 않기 위해 우리 학원에서 무이자로 차용을 해주기 시작했습니다. 누적된 차용금은 거의 1억 원이 되었습니다. 나중에 수익이 나면 이자 없이 차용금만 회수를 하고, 수익이 발생하지 않는다면 그 돈은 포기할 생각이었습니다. 손실이 발생했을 때 수강생들의 고통을 조금이나마 덜어주기 위해서입니다. 앞서 말했듯이 투자는 투자자 본인의 선택과 책임이고 학원에서는 투자에 대한 수수료를 받은 적도 없지만 담당자로서 일정 부분은 책임이 있다고 생각합니다. 모두에게 소중한 돈이잖아요.

당시 침체된 분위기로 매수자를 구할 수 없어서 우리는 형식적으로 경매를 넣었습니다. 최후의 방법이었죠. 지난 2년 동안 우리가 있는 프라자 상가의 다른 호실 경매 결과를 보면 감정가의 40~50% 수준으로 낙찰이 됐었습니다. 마찬가지로 '우리 호실도 감정가격이 13억 원이라면 최소 5억 원엔 매각될 수 있겠지?'라는 기대가 있었습니다. 그렇게 경매 정보지라는 플랫폼을 통해서 전국적으로 광고를 하다가 언제라도 목표 금액에서 미달이 되었을 땐 취하를 시킬 생각도 있었죠.

경매가 개시되고 약 6개월이 지난 2022년 여름, 역시나 여러 차례 유찰이 되었습니다. 게다가 정보지엔 뜬금없이 대항력 있는 임차인도 기재되어 있었습니다. 계속해서 공실 상태였지만 2020년 전 영업을 하던 어느 임차인이 사업자등록증 폐업신고를 하지 않았고, 경매 집행관은 사무적으로 권리관계를 기록했던 것입니다. 그러다 보니 현장에 가지 않고 정보지만 보는 사람들에게는 '대항력 있음'으로 해석이 돼서 임차인의 보증금 1천만 원을 인수할 것처럼 보였습니다. 그런 사소한 부분까지 예민하게 신경이 쓰여서 뒤늦게 변경을 시켰지만 이미 최저가는 3억 원까지 너무 떨어진 상태였습니다. 5차 매각기일까지 내려온 2023년 1월은 부동산 경기가 최악이었고 임차인 현황의 표현도 깔끔하지 않아서 경매 자체를 취하시키고 다시 새롭게 경매를 접수했습니다.

'1년만 더 버티면 부동산 시장에 봄바람이 불까?'

새로운 경매 사건번호로 2023년 8월부터 매각이 진행되었고 여전히 또 유찰의 연속이었습니다. 우리의 목표 금액을 이미 벗어났지만 더 이상 버틸 수가 없어서 결과를 받아들이기로 했습니다. 2024년 4월, 6차 매각기일 감정가 대비 25%에 매각이 되었습니다.

2020년 4억 5,700만 원에 매입해서 4년 뒤 3억 1,300만 원에 매도를 하게 된 것입니다. 총 2억 8천만 원의 손실이 발생했는데 수강생과 학원 관계자 20명은 1천만 원씩 전액을 손실 보게 되었고 이 프로젝트로 우리 학원에서 무이자로 빌려주었던 미회수 차용금은 8천만 원의 손실이 발생했습니다.

　이렇게 큰 실패는 처음 겪는 경험이었고 학원에서도 손실의 부담을 나눈 것은 매우 이례적인 일이었습니다. 학원에서 수강생들과 함께 공동 투자를 진행할 때는 우선 학원의 법인이 낙찰을 받은 후 그 결과를 일주일 동안 네이버 카페에 공지하고 각자 낙찰 결과에 대한 검증을 한 후 관심 있는 수강생만 참여를 받는 방식으로 진행합니다. 그리고 수강생들에게 별도의 수수료는 받지 않습니다. 따라서 학원에서는 늘 보수적으로 입찰 금액을 산정할 수밖에 없었기 때문에 저를 포함해서 학원 관계자들도 함께 투자에 참여할 만큼 대부분 결과가 좋은 편이었습니다.

　투자는 내가 산 자산을 누군가 더 비싼 가격에 사줘야 수익을 낼 수 있습니다. 따라서 투자자는 현재와 미래의 가치를 정확하게 판단해야겠죠. 하지만 이 사례를 돌이켜 보면 실사용자가 아닌 우리 입장에서는 그 부동산 가치에 비례하는 가격보다 높게 낙찰을 받았고, 소유자로서 가치를 높이기보다는 공실 상태로 장기 보유를 하면서 오히려 추가 지출이 너무 많이 발생한 게 실패의 원인이라고 생각합니다.

지난 4년 동안 이 프로젝트를 위해서 대전에 정말 많이 내려갔던 기억이 떠오릅니다. 그런 노력에 대한 대가를 결과로써 보여주지 못해 정말 마음이 무겁습니다.

두 번 다시는 이런 일이 없도록 더 책임감 있게 신중히 임해야겠다고 다짐합니다.

10

현재보다
미래의 쓰임새

성공과 실패의 모든 경험을 담았다

앞에서도 언급했지만 부동산 경매의 입문자라면 익숙한 지역과 자신 있는 용도부터 시작하는 것이 좋습니다. 저의 지난 투자 과정을 돌이켜 보면 다음과 같습니다.

1. 익숙한 지역에서 자신 있는 용도
2. 전국을 대상으로 자신 있는 용도
3. 익숙한 지역에서 다양한 용도
4. 전국을 대상으로 다양한 용도

처음엔 분당의 아파트를 검토했지만 지금은 전국에 있는 토지, 상가, 공장 등 용도를 가리지 않고 좋은 물건을 찾아 도전하고 있습니다. 여러분도 빠른 시일 내 최종단계인 4번으로 나아가야 합니다. 부동산 지역과 용도에 제약 없이 공부하다 보면 전문성은 더욱 커지고 투자의 기회도 훨씬 더 많아지게 됩니다. 이 과정에서 부동산 전문 투자자로서 개인 매매사업자를 만들고 나중엔 1인 법인도 설립하게 될 겁니다.

제가 살고 있는 성남시와 인접한 용인시는 경기도에서 수원시 다음으로 인구가 많은 지역입니다. 2000년대 초 수지구 죽전동, 동천동, 신봉동, 성복동과 기흥구 보정동, 구성동, 보라동, 동백동이 개발되면서 용인시는 인구가 지속적으로 유입되고 있었습니다. 지난 20년간 수지구와 기흥구의 도시개발로 인해 다음 타자는 용인시청이 있는 삼가동을 중심으로 역북동까지 잠재력을 보았습니다. 명색이 처인구는 용인시청이 자리 잡은 지역인데 적어도 시청 인근으로는 도시가 확장되어야겠죠.

우리 학원의 관계자들과 입찰 물건을 발굴해서 제안하는 회의를 일주일에 한 번씩 하는데 어느 날 이윤환 강사님 외 3명이 모두 동일한 물건을 추천한 적이 있었습니다. 그 물건은 저도 경매 정보지에서 지켜보고 있던 처인구 삼가동의 상가였습니다. 저를 포함해서 5명 각자가 긍정적으로 검토했던 이 물건은 너무 탐나는 보석이나 다름없었습니다. 신건 매각으로 최저가는 감정가의 100%였지만 입찰 경쟁이 붙을 것 같아서 고심 끝에 감정가의 116%를 써냈습니다. 그렇게 2021년 탕정삼성트라팰리스 아파트를 매도하고 이어서 같은 해 용인시 처인구의 상가를 낙찰받았습니다.

2018 타경 ▢▢▢▢ (임의)		물번1 [배당종결] ⌄		매각기일 : 2021-10-26 10:30~ (화)		경매1계 031-210-1261
2018타경▢▢(병합)						
2018타경▢▢▢(중복)						
소재지	(17090) 경기도 용인시 처인구 삼가동 ... 외3필지 [도로명] 경기도 용인시 처인구 지상토▢▢[삼가동]					
용도	도로	채권자	농○○○	감정가	1,421,208,000원	
토지면적	695㎡ (210.24평)	채무자	이○○	최저가	(100%) 1,421,208,000원	
건물면적	290.52㎡ (87.88평)	소유자	이○○	보증금	(10%)142,120,800원	
제시외	20㎡ (6.05평)	매각대상	토지/건물일괄매각	청구금액	902,259,589원	
입찰방법	기일입찰	배당종기일	2020-06-22	개시결정	2018-10-25	

기일현황

회차	매각기일	최저매각금액	결과
신건	2021-10-26	1,421,208,000원	매각
주)응달/입찰11명/낙찰1,655,000,000원(116%) 2등 입찰가 : 1,620,000,000원			
	2021-11-02	매각결정기일	허가
	2021-12-10	대금지급기한 납부(2021.11.26)	납부
	2022-01-11	배당기일	완료
배당종결된 사건입니다.			

건물 용도는 제2종 근린생활시설[11]이었습니다. 임차인은 일반 음식점업을 하고 있었고, 낙찰받은 우리와 새롭게 임대차계약을 체결했습니다. 계약된 금액은 보증금 2천만 원, 차임 150만 원이었습니다. 낙찰받은 금액 16억 5천만 원으로 임대 수익률을 계산하면 1.1%가 나옵니다. 대출을 받으면 대출 이자 때문에 수익률이 오히려 마이너스가 되는 수준이죠. 경매로 나온 이 상가를 신건에 감정가의 116%로 너무 높게 최고가매수인이 된 것일까요?

---

11 주택가와 인접해 주민들의 생활 편의를 도울 수 있는 시설(일반음식점, 체력단련장, 다중생활시설 등)

이 물건을 찾았을 때 우리는 건물 임대 사업 목적이 아닌 토지 투자 목적이었기 때문에 매월 받는 차임은 오히려 보너스가 된 것입니다. 건물은 시간이 지날수록 가치가 떨어지는 감가상각자산이지만 토지는 영속성을 지닌 재화로써 물리적 감가상각을 배제시킵니다. 낙찰받은 물건은 용인시청 인근에 위치하고 있기 때문에 시간의 힘이 강력한 토지라고 판단했습니다. 목적물 인근에 있는 용인시청을 중심으로 역북동 도시개발사업 등 도시화가 진행되면서 이 지역의 미래에 대한 가치는 모두가 아는 사실이었습니다. 하지만 토지 투자의 관점에서 막연한 기대는 막연한 결과로 이어집니다. 다시 말해서 실효성 있는 구체적인 분석이 필요합니다. 예를 들어 도시개발사업이 진행된다면 현재 진행 단계나 앞으로 유입될 세대 수 등을 확인해야겠죠.

이 물건을 검토할 때 확신했던 호재를 설명드리겠습니다. 저는 온라인 맵에서 지적 편집도 버전 활성화를 습관화하고 있습니다. 그리고 늘 인접 필지를 함께 살펴봅니다. 기초 조사를 위한 당연한 이야기 같지만 의식하고 유심히 살펴보지 않으면 쉽게 놓칠 수도 있는 부분입니다. 온라인 맵에서 지적 편집도와 비교 검토를 해보니 낙찰받은 목적물은 특별한 호재가 있었습니다.

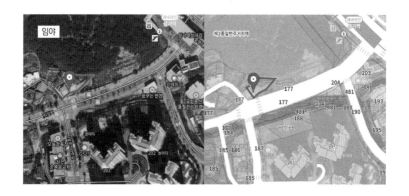

여러분은 위 이미지를 보면서 특별한 호재를 찾으셨나요?

토지 투자는 현재보다 미래의 쓰임새가 중요합니다. 즉, 지목보다 용도지역이 더 중요하다고 볼 수 있습니다. 우리 목적물과 인접한 임야는 용도지역이 제2종 일반주거지역입니다. 그리고 해당 임야의 등기사항증명서를 열람해 보면 신탁사가 관리 중이었습니다. 보통 임야는 녹지지역이 많죠? 우리는 머지않아 임야가 개발되어 아파트 단지가 들어올 것이라는 확신으로 입찰에 참여했던 겁니다. 따라서 처음부터 이 프로젝트는 단타가 아닌 4~5년 정도 장기 보유 전략으로 수강생들과 함께 투자를 진행했습니다.

낙찰 후 2년 뒤인 2024년 초 우연히 근처를 지나가게 되었는데, 임야는 벌목이 완료된 상태였습니다. 그리고 이어서 그 임야에 준공될 두산위브더제니스 아파트 568세대 분양이 완판되었다는 기사를 보았습니다. 분양 평균 경쟁률은 3:1에 달했다고 합니다. 현재는 토목 공사가 한창이고 아파트 조감도를 보면 우리 토지 바로 우측에 단지 정문이 들어옵니다.

3년 전 경매로 3.3㎡(평)당 787만 원에 받은 이 토지의 현재 시세는 1,200만 원 수준이 되었습니다. 호재가 반영된 거죠. 낙찰받은 목적물은 병원이나 학원이 적합해 보였습니다. 여전히 고금리 시대이지만 매도 시기는 적절하다고 판단을 해서 25억 원으로 공인중개사 사무실에 매도 의뢰를 했는데 한 달 뒤쯤 매수인이 나타났다는 소식을 들었습니다. 기존 판넬 건축물을 모두 철거한 후 콘크리트 건축물로 다시 건축을 하고 종교시설로 사용할 계획을 가지고 있다고 하였습니다. 매수 희망자는 목사님이셨습니다. 현재 지자체에 인허가 사항을 확인하는 중이며, 문제가 없을 시 긍정적으로 계약이 진행될 것 같습니다.

흔히 '토지를 보면 돈이 보인다.'라는 말을 많이 합니다. 상대적으로 주택 시장은 경쟁이 치열해서 그만큼 높은 수익을 올리긴 어렵기 때문에 나온 말입니다. 토지에서 돈이 보인다고 하지만 경험이 없으면 토지를 보고 싶어도 보이지 않는 것이 문제입니다. 물론 꾸준한 공부를 통해 실력을 향상시킬 수도 있지만 평범한 일반인들에게 쉬운 일은 아닙니다. 그래도 토지라는 분야는 결코 그들만의 리그가 아니라고 생각합니다. 앞서 언급한 사례처럼 이미 토지 위 건축물이 있는 경우는 건축 인허가 등 추가 검토가 많이 줄

어들기 때문입니다. 오히려 누군가에게는 상가건물로 보였을 이 물건도 인접한 임야의 용도지역 '제2종 일반주거지역'만 확인했다면 성공 투자로 이어질 수 있습니다.

이 물건을 토지 투자의 대표적인 사례로 담아두길 바랍니다. 그리고 늘 인접한 필지도 함께 검토하고 그 필지와 협동을 했을 때 어떤 시너지가 나올 수 있을지 상상하는 습관을 가져보는 것이 좋습니다.

3대가 행복해지는 인사이트

토지는 28개의 지목으로 구성되어 있지만, 부동산 투자 시 밑줄 친 **8개의 지목**만 기본적으로 이해하고 있어도 충분합니다.

지목	부호	지목	부호	지목	부호
전	전	주차장	차	수도용지	수
답	답	주유소용지	주	공원	공
대	대	창고용지	창	체육용지	체
과수원	과	도로	도	유원지	원
임야	임	철도용지	철	종교용지	종
목장용지	목	제방	제	사적지	사
광천지	광	하천	천	묘지	묘
염전	염	구거	구	잡종지	잡
공장용지	장	유지	유		
학교용지	학	양어장	양		

3대가 행복해지는 인사이트

토지를 검토할 땐 반드시 건폐율과 용적률의 범위를 체크해야 합니다. 토지 위 건물을 넓고 크게 지을 수 있을 때 가치가 상승하기 때문입니다. 단, 그 지역의 인구 수가 적다면 불필요하게 건축비를 들일 필요는 없겠죠.

- **건폐율이란?** 1층 건축면적의 대지면적에 대한 비율을 말합니다.
- **용적률이란?** 건축물 총면적의 대지면적에 대한 백분율을 말합니다.

참고로 건폐율과 용적률의 범위가 '이하'인 이유는 지자체별로 상이하기 때문입니다. 개발행위 전 지역 조례를 참고하시기 바랍니다.

용도지역			건폐율	용적률
도시지역	주거지역	제1종 전용주거지역	50% 이하	100% 이하
		제2종 전용주거지역	50% 이하	150% 이하
		제1종 일반주거지역	60% 이하	200% 이하
		제2종 일반주거지역	60% 이하	250% 이하
		제3종 일반주거지역	50% 이하	300% 이하
		준주거지역	70% 이하	350% 이하
	상업지역	중심상업지역	90% 이하	1,500% 이하
		일반상업지역	80% 이하	1,300% 이하
		근린상업지역	70% 이하	900% 이하
		유통상업지역	80% 이하	1,100% 이하
	공업지역	전용공업지역	70% 이하	300% 이하
		일반공업지역		350% 이하
		준공업지역		400% 이하
	녹지지역	보전녹지지역	20% 이하	80% 이하
		생산녹지지역		100% 이하
		자연녹지지역		100% 이하
관리지역	보전관리지역		20% 이하	80% 이하
	생산관리지역			80% 이하
	계획관리지역		40% 이하	100% 이하
농림지역			20% 이하	80% 이하
자연환경보전지역			20% 이하	80% 이하

11

선순위 가등기 덕분에
수익률 100% 달성

성공과 실패의 모든 경험을 담았다

우리 학원이 있는 분당 미금역의 중심상가는 경매로 나오지 않는 편입니다. 미국발 금융위기의 영향으로 전 세계 경제가 흔들릴 때 우리 학원의 어영화 원장님께서는 미금역 역세권 상가를 경매로 받으신 적이 있었지만, 그 후 미금역은 사거리를 중심으로 유동 인구가 점점 많아지면서 더 안정적인 상권으로 자리를 잡게 되었습니다.

저는 미금역 인근에서 지금까지 30년을 넘게 살아오면서 이 주변의 수많은 빌딩과 프라자 상가가 준공되는 변천사를 모두 지켜봤습니다. 스물일곱 살 첫 사회생활을 하던 시절에도 미금역 주변 어느 프라자 상가에 분양 현수막이 걸려있었던 모습을 봤는데 그 당시 저에게 상가란 우리에게 서비스를 제공하는 편의시설로만 생각했습니다.

삼십대 중반이 넘어서 부동산업을 하게 되었을 때 상가를 투자의 잣대로 생각조차 못 했던 그 시절이, 우리 학원에 오는 젊은 20대 수강생들을 볼 때 종종 떠올랐습니다.

그런 저에게도 기회가 온 것일까요? 어느 날 미금역 초역세권 상가가 경매로 나왔습니다.

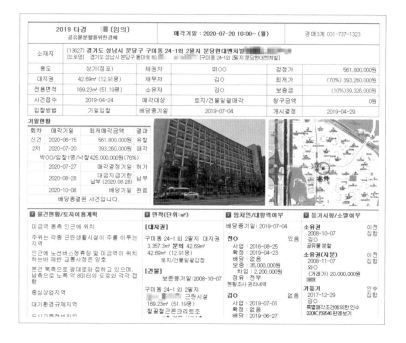

미금역 3번 출구 바로 앞 분당현대벤쳐빌 오피스텔 내 상가 1개 호실이 경매로 나왔는데 옆 호실과 함께 PC방으로 영업하고 있었습니다. 정보지를 보는 순간 제 머릿속에는 이 PC방에 대한 추억이 떠올랐습니다.

'여기는 고등학교 때 친구들과 게임을 하러 가봤고, 대학교를 다닐 땐 수강 신청을 위해 들어갔다가 쾌적하고 컴퓨터 속도가 빨라서 원했던 수업을 모두 수강 신청했었는데.'

경매로 나온 상가에 임장을 나갔을 때 영업을 하고 있다면 매출을 확인하고 권리금은 어느 정도 형성되어 있을지 검토해 보는 것

이 좋습니다. 이 PC방은 지금도 여전히 학생들에게 인기 있는 장소였습니다. 따라서 PC방을 운영하는 이 임차인은 낙찰자와 99% 재계약을 하게 될 것이라는 확신을 했습니다. 이미 상당한 시설 투자도 이루어졌기 때문이죠. 아마 인테리어 시설 비용으로 2억 원 가량은 들었을 겁니다.

그렇게 모든 면에서 뛰어난 장점을 가진 이 상가가 감정가의 70%로 유찰된 이유는 권리상 선순위 소유권이전청구권 가등기라는 하자가 있었기 때문입니다. 말소기준권리보다 앞선 가등기는 낙찰자가 인수합니다. 다시 말해서 낙찰자는 소유권을 가등기권자에게 빼앗길 수도 있다는 거죠. 모두가 군침만 흘리는 이 물건을 우리는 단독으로 낙찰을 받게 되었습니다.

3대가 행복해지는 인사이트

공유물 분할을 위한 경매는 만약 소유권이전청구권 가등기가 등재되어 있다면 일부 지분에만 설정되는 경우가 대부분입니다. 이 물건도 등기사항증명서를 보면 소유권이전청구권 가등기는 5분의 1 지분에만 설정이 되어있었습니다. 따라서 우리는 최악의 경우를 고려했을 때 '소유권 5분의 1은 빼앗길 수도 있겠다.'라는 각오로 시세의 80% 이하로 입찰 금액을 적어서 낙찰을 받게 된 것입니다.

잔금을 납부하고 소멸되지 않은 가등기권자를 만나서 협상을 진행했습니다. 우리는 가등기 말소 비용으로 최대 6천만 원 정도를 생각했지만 그보다 훨씬 더 적은 금액인 3천만 원으로 합의가 되었습니다.

일반적으로 소유권이전청구권 가등기는 매수인이 매도인에게 지급한 매매대금 중 일부를 보호하고 권리를 강화하기 위해 설정합니다. 부동산 거래 관행상 계약금은 10%를 지급하고, 중도금은 50% 이하의 비율로 정합니다. 가등기권자는 매매대금의 일부만 매도인에게 지급한 상태라는 거죠. 따라서 말소 합의 비용으로 최대 6천만 원을 생각한 이유도 그 계산에 의한 금액이었습니다. 감정가 5억 6천만 원을 시세라고 가정한다면, 5분의 1의 가치는 1억 1,200만 원이고 가등기권자(매수인)가 계약금과 중도금으로 60%를 지급했다면 그 금액은 6,720만 원이 됩니다.

가등기를 말소하고 PC방 사업자와 임대차계약을 체결했습니다. 어릴 적 편의시설로 이용하던 장소에 제가 소속된 우리 법인이 임대인이 되다니 감회가 새로웠습니다.

가등기라는 하자를 기회로 삼아 미금역 초역세권 상가의 임대수익률은 10%를 만들게 되었고 낙찰 후 10개월만에 매수인을 찾아서 매도를 했습니다. 매매대금은 매수인 입장에서 임대 수익률 6%가 될 수 있는 7억 4천만 원이었죠.

등기사항증명서에서 가등기를 흔하게 볼 수 없는 이유는 많은 사람들이 가등기의 효력과 중요성을 잘 모르기 때문입니다. 일반적인 거래에서 우리가 매수인이 될 경우에도 소유권이전청구권 가등기를 설정하여 안전하게 부동산을 매입할 수도 있습니다.

3대가 행복해지는 인사이트

가등기는 크게 두 종류가 있습니다.

첫째는 채권을 담보로 하는 담보 가등기가 있습니다. 근저당권과 유사한 권리이죠. 그리고 둘째는 소유권이전청구 가등기입니다. 담보 가등기는 앞에서 설명드렸던 말소기준권리 중 하나이지만, 소유권이전청구 가등기는 말소기준권리 대상이 아닙니다. 따라서 선순위 담보 가등기는 언제나 소멸이 되지만, 소유권이전청구 가등기는 말소기준권리 보다 선순위에 있을 경우 인수하게 됩니다.

이렇게 성격이 다른 두 종류의 가등기가 등기사항증명서 상에는 모두 '소유권이전청구 가등기'라는 명칭으로 등재가 된다는 부분이 우리가 놓치기 쉬운 함정입니다. 따라서 경매가 진행되는 물건에 가등기가 있다면 법원도 가등기 종류의 확인을 위해 가등기권자에게 가등기의 종류와 담보 가등기일 경우 그 채권액을 신고하라는 최고를 합니다. 입찰 참여자는 그 여부를 정보지 '문건접수/송달내역'에서 확인하면 됩니다. 가등기권자가 법원의 최고에도 불구하고 가등기의 종류 등을 신고하지 않을 때 법원은 가등기를 소유권이전청구권 가등기로 간주하거든요.

단순하게 생각해서 '가등기권자가 돈을 빌려주었던 채권자(담보 가등기)라면 받을 돈이 있으니까 법원에 채권 신고를 해야겠지.'라고 생각하면 이해가 될 겁니다.

12

맹지 위
법정지상권

성공과 실패의 모든 경험을 담았다

부동산을 보는 시야를 넓히게 되면서 부동산 호황기에 좋은 기회를 많이 잡게 되었습니다. 그렇게 부동산 공부와 실전 투자를 하면 할수록 투자는 대다수가 선호하는 것과 다른 시선으로 보는 것이 옳다는 것을 알게 되었습니다. 경매를 도전하면서 입찰이라는 경쟁 때문에 패찰의 연속을 이어간 적도 있었습니다. 그래서 부동산 시장 호황기에는 주택, 상가, 공장과 같은 건축물보다는 농지를 매입하는 것이 블루오션이라고 판단했습니다. 그렇게 농지 개발 사업이라는 원대한 꿈을 그리며 2021년 초 농업법인을 설립했습니다. 그리고 이어서 어느 농지가 눈에 들어왔고 2등과 정말 근소한 차이로 우리 농업법인이 낙찰을 받게 되었습니다.

통계청에서 운영하는 국가통계포털을 참고하면 우리나라 국토는 임야가 63%이며 농지는 20%를 차지하고 있습니다(2023년 기준). 개발을 위한 토지는 전국적으로 많이 남아있지만 급격한 인구 감소와 도시 쏠림 현상으로 지방의 임야나 농지들은 사용 가치가 낮을 수밖에 없습니다. 농지 매입이 블루오션이라고 말씀드린 이유는 농지법이 강화된 이후로 경매로 나오는 농지는 유찰이 더 잘 되는 편에 속하게 되었기 때문입니다. 비도시지역의 경우 낙찰 후 매각결정기일 전까지 경매계에 농지취득자격증명서를 제출해야 하는데, 농지취득자격증명서의 발급을 담당하는 지자체의 처리 기간이 늘어나면서 경매계 제출 기간과 바듯하게 되었습니다. 농지 담당 부서의 더욱 면밀한 자격 검토를 위해서죠. 그리고 만

약 농지취득자격증명서 발급을 신청했을 때 농지위원회 심의 대상이 될 경우에는 처리 기간이 더 지연될 수 있는 위험성도 존재하게 되었습니다.

3대가 행복해지는 인사이트

많은 사람들이 경매로 농지를 검토할 때 농지취득자격증명서 발급 가능 여부를 고민합니다. 낙찰 후 7일 내 농지취득자격증명서를 경 매계에 제출하지 않으면 입찰 보증금을 몰수 당하기 때문입니다.

우선 현황상 농지라면 농지취득자격증명서가 나오지 않을 이유가 없습니다. 영농거리 직선 30㎞ 또는 면적 1,000㎡를 초과하면 조금 더 까다로운 심의의 대상일 뿐입니다.

그리고 입찰 전 미리 '정부24' 사이트를 통해서 농지취득자격증 명서를 신청해 보는 것도 방법입니다.

영 수 증				
주식회사 분당농업회사법인 대표이사 어은수				귀 하
사건번호	물건 번호	부동산 매각 보증금액	비 고	
2020타경 ▊▊ ▌	1	50,262,000원		

위 금액을 틀림없이 영수 하였습니다.

2021.03.04

수원지방법원 집행관사무소

집 행 관   이 뢰 웅

※ 사건에 대한 문의는 민사 집행과 담당 경매계에 문의하십시오.

2021년 용인시 처인구 이동읍이라는 지역은 지금처럼 관심이 뜨겁지 않았습니다. 게다가 평범한 농지가 아닌 맹지 1,000평 위 무허가 주택과 창고는 제시 외 제외라는 하자도 있었습니다. 토지만 매각이었던 거죠. 덕분에 당시 시세보다 저렴하게 낙찰받았다는 장점도 있었습니다.

여담이지만 잔금을 납부하기 전에 이웃 주민께서 9억 원 정도에 토지를 매입하겠다는 제안도 있었지만 이를 거절하고 장기 보유로 방향을 잡았습니다. 안성과 동탄에 인접한 이동읍은 장기적으로 가치가 올라갈 수밖에 없다는 우리 학원 원장님의 말씀에 따라 시간의 힘을 믿기로 했던 겁니다. 4~5년 장기 투자로 사전 안내를 하고 학원의 관계자들 및 수강생 여러 명과 공동 투자를 시작했습니다.

낙찰받은 농지는 크게 두 가지의 하자를 수습해야 했는데 첫째가 맹지라는 부분이었습니다. 해당 토지는 공부상 맹지이나 현황상 비포장도로와 접해있었습니다. 그래서 맹지에 대한 부담은 크지 않았습니다. 지역마다 조례가 다르지만 행정구역이 읍면리인 비도시지역은 현황상 도로만으로도 건축 허가가 나올 수 있거든요. 만약 불가능하다면 인접 토지 소유주와 토지 교환 등의 방법으로 맹지를 탈출할 계획도 갖고 있었습니다.

3대가 행복해지는 인사이트

만약 내가 관심있는 토지의 접면이 도로와 붙어있다면 그 토지의 소유자를 꼭 확인해 보세요. 사유지가 아닌 국유지의 경우 점용 허가를 받아 맹지를 탈출할 수 있습니다.

둘째는 무허가 주택과 창고를 철거하고 점유자를 명도해야 하는 일이었습니다. 몇 차례 현장에 가서 점유자와 협상을 시도했습니다. 그때마다 점유자는 근저당권 설정 전부터 토지 위 건물이 존재했다며 법정지상권이 성립한다고 큰소리를 쳤습니다. 점유자는 생각보다 저항이 심했습니다.

법원에 잔금을 납부하면서 서둘러 인도명령 신청을 접수했지만 경매계에서는 법정지상권 다툼이 있는 점유자라서 받아주지 않고 각하를 시켰습니다. 그 후 점유자는 기세가 더욱 강해졌습니다. "이사비로 5천만 원을 주든지 아니면 평생 여기서 살겠다."는 말만 되풀이했습니다.

토지 소유자와 건물 소유자가 어떠한 사유로 달라지게 되었을 때 건물을 철거하지 않고 그대로 유지시켜 주는 법정지상권의 성립 요건을 아시나요? 법정지상권은 아래 3가지를 모두 충족해야 성립합니다.

● 저당권 설정 당시 건물이 존재할 것
● 토지와 건물의 소유자가 동일할 것
● 임의 경매 실행으로 토지와 건물의 소유자가 달라질 것

토지 위 등기가 있는 건축물이 존재할 때는 일반적으로 공동 담보를 설정하기 때문에 법정지상권은 대부분 성립하지 않습니다. 따라서 등기가 없는 건축물이 있을 경우에 더욱 쟁점이 될 수 있습니다.

그렇게 몇 번을 점유자와 만나서 명도 협상을 하던 어느 날 점유자는 본인의 노력으로 건물을 준공했다는 말을 했습니다. 처음부터 토지와 건물의 소유자가 다르면 법정지상권은 아예 성립하지 않는다는 것을 그 순간 저는 알아챘지만 점유자는 여전히 대화가 통하지 않았습니다. 어쩔 수 없이 소송을 준비하겠다는 내용증명을 변호사에게 위임하여 보냈습니다. 변호사를 선임했더니 그 순간부터 점유자는 생각보다 저자세로 나왔습니다. 법정지상권이 성립하지 않음을 인정하고 이사비용만 주면 자진 철거하고 나

가겠다고 했습니다. 사정을 봐서 600만 원의 이사비를 지급했고 건물도 자진 철거를 시켰습니다.

두 가지의 하자를 모두 정리했지만 우리는 아주 기본적인 부분을 놓치고 있었습니다. 그 기본적인 부분은 바로 농사였습니다. 2021년 LH 농지 투기 사태로 농지법도 강화가 되었고, 경자유전의 원칙을 지키기 위해 매년 농사철 1,000평의 농지에 직접 농사를 했습니다. 당시 평일은 강의를 하고 주말마다 농사를 하면서 고단했던 기억이 있습니다. 농지는 자경을 해야 하니까요. 농지를 보유하면서 농사를 짓지 않으면 처분 의무를 통지하고 이행하지 않으면 매년 이행강제금이 부과됩니다. 그만큼 농지법이 무섭기도 하지만 농지법 위반 성립의 기준은 '농사를 잘했다', '못했다'로 평가하지 않습니다. 농사를 하다보면 할 수 있는 수준으로 요령도 생기고 관리의 노하우도 생깁니다. 농사를 사업 목적으로 하는 것이 아니라면 일손이 많이 안 가는 농작물을 재배해도 되니까요.

매년 농지 관리를 하던 2023년 어느 날, 뉴스에 용인 반도체 클러스터라는 계획안이 본격적으로 나오게 되었습니다. 정부와 민간 기업이 유기적으로 협력하여 세계 최대 규모의 반도체 산업단지를 조성하겠다는 계획입니다. 뉴스가 나오자 곧이어 용인 남사읍과 이동읍은 토지거래허가구역[12]으로 묶이게 되었고 토지거래

---

12 구역 내의 토지를 거래하기 위해서는 시장이나 군수, 구청장의 허가를 받아야 한다.

허가가 필요 없는 경매는 더욱더 입찰 인기 지역으로 급부상하게 되었습니다.

우리 농지도 수혜를 입어 고금리 시기임에도 불구하고 12억 원에 매입을 하겠다는 매수자가 나타났고, 함께 투자 중인 수강생들과 다수결에 의해 매도를 결정했습니다. 6억 1천만 원에 낙찰받아 2년 10개월 뒤 12억 원에 매도를 하게 되었습니다. 저의 첫 농지 투자는 성공적으로 마무리가 되었습니다.

요즘 경매에서 평범한 권리의 아파트로 큰 수익을 내기는 어렵습니다. 예전보다 경매에 대한 이해가 상향평준화 되면서 경쟁자가 많아졌기 때문이죠. 그래도 여전히 권리 관계가 복잡한 특수 물건이나 토지 투자로 접근한다면 단 한 건만으로도 미래가 달라질 수 있습니다. 다만 환금성이 낮은 토지 투자에서 가장 중요한 마인드는 장기적으로 투자할 수 있다는 인내심이라는 것을 명심해야 합니다.

13

경매 투자자로
거듭나기

성공과 실패의 모든 경험을 담았다

부동산 경매에서 흔히 접할 수 있는 특수 물건은 유치권, 법정 지상권, 공유 지분이 있습니다. 앞서 농지를 블루오션이라고 말씀 드렸듯이, 특수 물건에 도전하지 않고 평범한 물건들만 접근하면 경매 투자에서 한계가 있겠죠? 특수 물건은 흔히 전문가의 영역 이라고도 하지만 기본적인 개념만 이해하고 있어도 합의가 어려 울 땐 변호사의 도움을 받아 해결해 나갈 수 있습니다. 법은 본질 적으로 원칙과 상식선에서 결정되기 때문입니다.

3대가 행복해지는 인사이트

경매에서 특수 물건 중 유치권은 낙찰자에게 대항하기 위해서 아 래 4가지 요건을 모두 충족해야 성립합니다.

1. 경매개시결정 기입등기 이전부터 채권을 변제받을 때까지 점 유해야 한다.
2. 목적물과 견련성(연관성)이 있어야 한다.
3. 채권의 변제기가 도래해야 한다.
4. 유치권 배제 특약이 없어야 한다.

저는 예전에 특수 물건을 검토할 때 유치권자의 공사 도급 계약서에서 '유치권 배제 특약 조항'을 확보한 적도 있었지만 경매 입찰자 입장에서 그런 자료를 확인하기는 쉽지 않을 겁니다. 그리고 4가지 요건 중 실무에서는 1번과 2번만으로도 대부분의 유치권을 깨뜨릴 수 있습니다. 이를 뒷받침하는 다양한 판례가 있거든요.

우선 공사대금을 받지 못한 자가 유치권을 행사하기 위해서는 계속적인 점유가 가장 중요합니다. 유치권은 등기사항증명서에 등재되지 않아서 대신 점유를 통해 제3자에게 공시하라는 의미입니다. 점유는 직·간접적으로 모두 가능하기 때문에 현장에 갔을 때 현수막만 게시하고 점유자가 없다고 해서 유치권이 깨졌다고 생각하면 큰 오산입니다.

점유 여부를 확인하는 방법은 현장에 직접 가지 않아도 법원 정보지만으로 확인할 수 있습니다. 크게 두 가지 방법이 있는데 첫째, 현황조사서를 확인하면 됩니다. 경매가 개시되면 경매법원 담당 집행관은 현장 조사를 나갑니다. 보통 경매 개시 후 1~2달 내 실행을 하는데 그때 현황조사서에 점유자에 대한 기록이 없다면 유치권자의 점유가 없는 것으로 간주합니다. 유치권 소송이 진행될 경우 재판부에서 현황조사서는 객관적인 증거 자료로 활용됩니다.

둘째, 감정평가서 내 첨부사진을 확인하면 됩니다. 경매가 개시

되면 마찬가지로 경매법원에서 지정한 감정평가사가 현장에 나가게 됩니다. 감정평가서에는 현장 사진이 첨부되는데 사진 속 유치권 현수막이나 컨테이너 등이 존재하는지 찾아보면 점유 여부를 추정할 수 있습니다. 이는 일일이 임장을 가지 않고 확인할 수 있는 방법이죠.

　견련성도 비교적 쉽게 확인할 수 있는 요건입니다. 유치권을 주장하는 목적물에 객관적이고 직접적으로 관련이 있는 비용만 인정이 됩니다. 대표적으로 공사를 위한 렌탈비, 경비는 견련성이 없습니다. 상가의 경우 흔히 인테리어 공사 업체에서 유치권을 주장하는데 그런 공사 비용은 대부분 채무자 본인의 주관적 이익이나 특정한 영업을 위한 목적으로 지출된 비용에 불과합니다. 따라서 인테리어 비용의 견련성은 극히 일부만 인정되는 편입니다. 임장을 가서 유치권자에게 공사 범위를 탐문하거나 육안으로 확인하면 쉽게 실마리를 찾을 수 있습니다.

　유치권이 신고된 경매 사건 중 낙찰받아 매각할 때까지 유치권자를 본 적도 없는 유령같은 사례를 소개합니다.

　2021년 농업법인을 만들고 농지 개발에도 관심을 갖고 있을 때 경기도 여주시 가남읍에 있는 토지 2,278평이 눈에 들어온 적이 있었습니다. 토지의 공부상 용도는 농지(답)였지만 현황은 창고 부지로 도로와 배수 시설이 매립되어 있었습니다. 감정가격은 24

억 원이었고 시세도 3.3㎡(평)당 100만 원 가량 됐는데 이 물건은 두 번이나 유찰이 되었고 최저가는 11억 8천만 원이었습니다. 아마도 유찰이 된 이유는 두 가지로 볼 수 있는데 농지는 개인이 아닌 법인이 취득할 경우 농업법인만 가능하고, 또 현장에 방치된 폐기물도 약 100톤 이상 쌓여있었기 때문입니다. 우리 법인은 그러한 취득의 제약이 없었고 폐기물 처리도 부담이 없었습니다. 오히려 SK하이닉스 이천 공장에서 가깝고 현장의 토목 공사도 완료가 된 이 토지는 투자의 가치로 적합한 물건이라고 생각했습니다.

2021년 3월 10일, 3차 매각기일에 14억 7백만 원으로 입찰에 들어갔다가 다섯 팀 중 아쉽게도 3등으로 패찰을 했습니다. 시세가 22억 원은 될 텐데 너무 욕심을 부린 것 같았지만, 수익률을 위해 보수적으로 들어갈 수밖에 없었습니다. 18억 3천만 원을 썼던 최고가매수인에게 7일 뒤 매각허가결정이 나왔고 미련과 아쉬움도 접었습니다.

그러던 어느 날 정보지에 그 물건이 또다시 나왔습니다. 상세 페이지를 클릭해서 살펴봤더니 최고가매수인은 무슨 사연인지 잔금을 미납한 겁니다. 검토가 끝났던 물건에 더 이상 손해 볼 것도 없어서 다시 입찰에 들어가기로 결정했습니다. 보통 주택이 아닌 토지는 미납으로 재경매가 진행될 때 이전 회차 최고가 금액보다는 2등 금액 정도로 낙찰이 되는 경우도 많아서 우리는 이전 회

차에 썼던 입찰 금액 그대로 재도전을 했습니다. 참고로 이전 회차에서 2등은 15억 6천만 원이었습니다.

매각기일 입찰 대리인으로 법원에 간 우리 학원의 이윤환 강사님이 입찰 직전 급하게 전화를 해 왔습니다.

"부원장님, 입찰 게시판 안내사항에 가남읍 토지 유치권 신고가 있는데요?"

"갑자기?"

"어제 유치권 신고서가 제출됐다고 나오네요."

유치권 신고서는 경매 진행 중에도 접수될 수 있습니다. 하지만 2,278평이나 되는 개방된 넓은 토지에 그동안 점유는 전혀 이루어지지 않았습니다. 그리고 앞서 말씀드렸던 현황조사서나 감정평가서에 어떠한 흔적도 없었습니다. 100% 허위 유치권이죠.

우리는 고민할 것도 없이 입찰을 진행했습니다. 그리고 우리가 단독으로 낙찰이 되었습니다. 이번에도 같은 입찰 금액을 제출했는데 이전 회차에서는 입찰자 5명 중 3등을 했고, 이번 회차에서는 유치권 신고가 들어왔다는 이유만으로 경쟁자를 모두 제치게 된 겁니다. 지난 번 패찰 후 아쉬웠던 물건이 드디어 우리 품에 오게 되었습니다. 이행 조건부로 지자체에 농지취득자격증명서를 발급받아 경매계에 제출하고 소유권 이전 후 성토 작업을 했습니다.

어쩌면 유치권자는 토목 공사 후 실제로 돈을 받지 못한 안타까운 채권자 일지도 모릅니다. 잔금을 납부하던 날 현장에 다시 방문했지만 유치권자는 물론이고 간접 점유나 어떤 통제도 전혀 없었습니다. 그리고 혹시 몰라서 유치권 신고자를 상대로 인도명령 결정문도 받았지만 강제집행을 할 것도 없이 그 뒤로도 현장은 고요했습니다.

이 프로젝트는 저의 경매 인생에서 최단기간 매도라는 신기록이 되었습니다. 우리 학원 관계자들과 수강생을 포함하여 50명이 2천만 원씩 10억 원을 모집하고 나머진 대출을 받아서 잔금을 납부했는데 사실 잔금을 납부하기 전부터 매수자가 나타나서 대기 중인 상태였고, 잔금을 납부하는 날 오후에 바로 계약을 체결하게 되었습니다. 매도 금액은 21억 6천만 원이었습니다. 50명의 투자자들은 2,000만 원씩 투자해서 단기간에 2,680만 원씩 배당을 받게 되었습니다.

다시 정리를 해보자면 최초 매각기일 유치권 신고가 없었을 때는 18억 3천만 원에 낙찰이 됐었고, 재경매로 진행 시 유치권이 신고가 되면서 14억 7백만 원에 낙찰이 되었습니다. 두 결과를 놓고 보면 그만큼 특수 물건은 경쟁력과 수익률을 올려준다고 볼 수 있습니다. 그리고 의외로 점유나 견련성이 성립하지 않는 허위 유치권이 많이 존재합니다. 여러분도 경매 정보지의 '빨간 글씨'를 두려워하지 말고 면밀한 분석으로 특수 물건에 도전해 보시길 바랍니다.

14

보이는 것이
전부가 아니다

성공과 실패의 모든 경험을 담았다

부동산 투자의 정석은 시세보다 낮은 가격에 매입해서 가치를 올린 후 매도하는 겁니다. 어느 날 경매 정보지로 물건을 보던 중 우리 학원에서 가까운 곳에 단독주택 2채가 눈에 들어왔습니다.

　　'분당 미금역에서도 자동차로 25분 거리이면서 도시 속 전원생활을 누릴 수 있는 향린동산에 쌍둥이 단독주택이 현재 감정가 대비 최저가가 34%라니!'

　　두 채가 시간차를 두고 매각기일이 진행되었는데 사건번호 하나에 개별매각이 아닌 각각 다른 사건번호로 진행이 되면서 한 채는 2020년 4월 29일과 나머지 한 채는 2020년 7월 21일로 지정이 되었습니다.

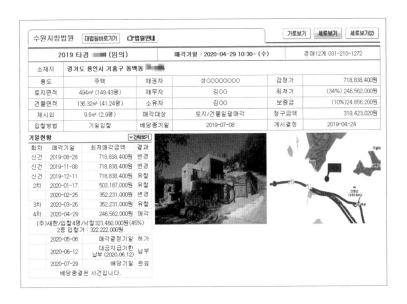

토지와 건물의 감정가격은 7억 원이 넘었습니다. 구체적으로 토지의 감정가격은 5억 원, 건물은 2억 원이었는데, 최저가가 2억 4천만 원까지 유찰이 된 이유는 대표적인 건부감가[13]의 상황이었습니다. 토지 위 주택은 미준공 상태였고 유치권자는 현장에서 완강하게 점유를 하고 있었습니다. 우리는 2등과 1백만 원 차이로 짜릿하게 낙찰을 받았지만 앞으로 해결해야 할 일이 산더미처럼 보였습니다. 시간이 오래 걸릴 것 같아서 대출은 받지 않고 학원 관계자들과 수강생들이 함께 구좌를 나눠서 진행했습니다. 그렇게 저를 포함해서 1구좌 2천만 원씩 25명을 모집했고 대금 지급기한일에 맞춰 잔금을 납부했습니다.

여기서 잠깐 절세에 관하여 팁을 드리자면 매년 4월쯤 매각기일의 경매 사건들은 6월 2일 이후 잔금을 납부하면 보유세를 한 번 피해 갈 수 있습니다.

---

13 토지상의 건물 등이 토지의 최유효사용을 저해하는 경우 그런 저해가 없는 경우보다 부지의 유용성이 저하되게 된다.

소유권을 취득하고 풀어야 할 숙제는 두 가지였습니다. 첫 번째 관문은 유치권 해결, 그리고 두 번째는 준공 후 사용승인을 받는 일이었습니다. 앞장에서 유치권의 성립요건 중 점유와 견련성으로 대부분 깨뜨릴 수 있다고 설명했습니다. 아파트나 상가의 유치권 신고는 일반적으로 인테리어 공사비용이라서 견련 관계를 쉽게 찾을 수 있지만 단독 주택이나 공장은 꼭 그렇지 않아서 입찰 전부터 면밀하게 검토해야 합니다. 실제로 준공을 위해 들어간 공사 비용도 있기 때문이죠.

유치권자는 단독 주택 전체 공사비 2억 6천만 원을 주장했는데 주변 탐문 끝에 유치권자는 마무리 공사(실내 인테리어)만 담당을 했고 공종별 공사 업체가 다른 것을 알게 되었습니다. 부동산은 등기사항증명서의 말소사항까지 전부 포함해서 분석하면 해당 사건의 히스토리를 추측할 수 있습니다. 그리고 건축사 연락처를 확보 우리 입장에서 유치권 합의 비용으로 부담할 수 있는 5천만 원 정도로 유치권자와 협상을 시도했지만 합의는 되지 않았습니다. 우리는 결국 유치권부존재 소송을 준비하게 되었습니다.

어차피 소송까지 진행해야 하는 일인데 이왕이면 같은 유치권자인 나머지 옆집도 낙찰을 받는다면 일거양득의 효과를 볼 것 같았습니다. 그렇게 나머지 한 채도 입찰에 참여했지만 우리는 아쉽게 2등을 했고, 법원에서 나오는 순간 최고가매수인이 된 중년의 남성분을 쫓아가 명함을 교환했습니다. 비록 낙찰은 못 받았지만 옆집 낙찰자와 동일한 유치권자를 상대로 대항했을 때의 시너지를 기대했습니다. 각자 변호사를 선임해서 중간중간 정보를 공유하며 소송을 진행했습니다.

소를 제기하고 2년이라는 시간이 흘러 2022년 9월 선고를 받았습니다. 재판부에서는 유치권자의 채권을 어느 정도 인정해서 원고인 우리는 피고인 유치권자에게 6천만 원을 지급하고 부동산을 인도받으라는 판결문으로 종결되었습니다.

저는 지금 이 순간도 유치권 부존재 소송, 공유물 분할 청구 소송, 대여금 반환 청구 소송을 하고 있습니다. 소송은 자신의 권리를 보호받기 위한 최종적인 해결 방법입니다. 부동산 투자에서도 뗄 수 없는 분야이지만 소송을 경험할수록 결국 당사자 모두에게 손해라는 것을 종종 느끼게 됩니다. 무엇보다도 기다림이라는 시간이 가장 아쉽습니다. 시간은 돈이잖아요.

낙찰받고 2년 만에 목적물에 들어가게 되었습니다. 이제 다음 단계로 내부 인테리어를 보수하고 조경공사, 준공허가가 남았습니다. 물리적인 공사는 비용만 있으면 되지만 인허가는 낙찰자에게 인수인계가 되지 않아서 경험이 없다면 쉬운 일은 아닐 겁니다.

경매로 접근할 때 건축물 외관상 모습만 보고 거의 마무리 단계라고 착각하고 낙찰을 받지 않도록 주의해야 합니다. 그 이면에 있는 인허가 문제로 추가 비용이 발생하거나 건축물이 오랫동안 방치되면서 겉으로 보이지 않았던 하자 보수 등으로 시간과 비용이 오래 걸릴 수도 있다는 점을 꼭 명심해야 합니다. 그중에서도 최악의 경우에는 인허가를 받지 못해 영원히 무허가로 남을 수도 있습니다.

명도가 끝났으니 이제 건축주 변경 신고를 해야 하는데 일반적인 건축주 변경 신고는 기존 건축주의 동의를 받아 변경 신고를 합니다. 하지만 경매는 기존 건축주에게 협조를 받기 어렵죠. 그럼에도 불구하고 종종 지자체 인허가 담당 건축 주무관들은 기존 건축주의 동의서를 받아 오라고 하는 경우도 있습니다. 이럴 경우 대법원 판례가 있어서 판례[14]를 첨부하여 경매로 받은 상황임을 잘 설명하면 담당자가 수리해 줍니다. 낙찰받은 우리 법인으로 건축주를 변경하고 이어서 준공허가를 받기 위해선 지금까지 공사가 진행되었던 공사 서류들이 필요한데 앞서 말씀드린 것처럼 경매로 받은 경우 인수인계가 단절된 기존 건축사와 감리자를 수습하는 일이 가장 중요합니다. 가장 쉬운 방법으로는 탐문을 통해 기존 업체를 찾거나 유치권자와 합의 시 연락처를 받아내는 방법이 있습니다. 우리는 유치권자에게 공사대금 채권 6천만 원을 지급할 때 기존 감리자의 연락처를 받았습니다. 기존 감리자는 본인만 알고 있는 정보의 가치를 높게 요구했습니다. 어쩔 수 없이 시간을 단축시키기 위해 요구하는 금액으로 계약을 하였고, 2023년 봄쯤 사용승인과 건축물 대장까지 완료하게 되었습니다.

낙찰 금액부터 총 5억 5천만 원이 들어갔는데, 3년 동안 상당한 금액의 종합부동산세도 지출되었습니다. 법인은 2주택 이하의 경우 공시가격×60%(공정시장가액비율)×2.7%가 발생해서 매년 약 1,500만 원씩 납부한 겁니다. 만약 낙찰받은 해에 무심코 잔금을 더 빨리 치뤘다면 종부세를 한 번 더 낼 뻔했습니다.

---

14 대법원 2015. 10. 29. 선고 2013두11475 판결(건축관계자변경신고서반려처분취소)

그렇게 잔손을 모두 처리하고 실수요자를 찾아서 7억 5백만 원에 매각하게 되었습니다. 아쉽게도 유치권 소송이라는 긴 시간을 감내하면서 낙찰 직후 호황기 매도 타이밍을 놓치고 부동산 경기 침체와 함께 금리까지 오르며 목표했던 매각 금액을 달성하지는 못했습니다. 호황기엔 8억 원 이상 거래가 가능했을 것으로 생각됩니다.

2024년 1월 매각으로 프로젝트가 아쉽게 마무리된 후 3개월 뒤 쌍둥이 단독주택이었던 옆 필지가 또다시 경매로 진행 중인것을 알게 되었습니다. 이미 유치권은 판결문으로 다툼이 종결된 상태고 인허가나 물리적인 공사도 축적된 자료와 경험이 있어서 다시 그 사건의 입찰에 도전해 보기로 했습니다.

지난 프로젝트는 3년 이상 긴 시간이 소요되었지만, 이번에 옆 필지는 신속하게 절차를 밟아 연수익률 측면에서는 성공적으로 마무리할 자신이 있었습니다.

보수적으로 매각 금액을 7억 원으로 계획하고 입찰 금액은 3억 7,400만 원으로 적었습니다. 6명이 입찰에 들어왔는데 2등은 3억 5,900만 원을 써냈고 1등은 3억 7,400만 원을 호명했습니다. 그렇게 우리 법인이 최고가매수인이 되었습니다.

잔금을 납부하고 유치권자와 유치권 비용을 정산하면서 이 주택에 관심이 있는 분을 추천받았는데 그분은 경매에서 3억 5,500만 원을 썼던 3등 입찰자였습니다. 진돗개를 키워서 단독 주택을 찾던 중 경매는 시세보다 낮은 금액으로 취득할 수 있는 좋은 기회라서 입찰을 봤다고 했습니다. 지금이라도 매도가 가능하냐는 그분의 반가운 질문에 저는 태연하게 이렇게 말했습니다.

"아~ 네, 준공 전에 매도할 생각은 못 해봤는데 지금이라도 현실적인 금액으로 공인중개사에게 의뢰를 해야겠습니다. 지금 매도한다면 거래 가격은 땅값도 안 되니까 선생님처럼 매수자가 있겠네요."

옷가게에서 "이 사이즈는 현재 하나만 남았습니다. 인기 상품이에요."라고 말하는 점원과 비슷한 전략인 거죠. 느낌상 제 답변에 매수를 희망하는 3등 입찰자는 더 관심이 생겼는지 본인은 계약을 너무 원하지만 가족들과 회의를 해봐야 한다며 며칠만 시간을 달라고 했습니다.

며칠 뒤 연락이 왔습니다. 아쉽게도 가족의 반대로 거래는 불발되었지만, 이번 프로젝트는 수월하게 끝낼 자신이 더 생겼습니다.

이 세상에 값지지 않은 경험은 없는 것 같습니다.

3대가 행복해지는 인사이트

• 일괄매각이란?

여러 개의 부동산을 일괄하여 매각하는 방식입니다. 부동산의 위치나 형태, 이용 관계를 고려했을 때 개별매각을 하면 가치가 떨어져 낙찰가격에 영향을 미칠 것이 우려될 때 일괄매각으로 신청합니다. 채권자가 신청할 수도 있고 법원의 직권으로 결정할 수도 있습니다.

• 개별매각이란?

채무자가 공동담보로 여러 개의 부동산을 제공했을 때 경매의 사건번호는 하나이지만 그 뒤에 물건번호를 붙여서 각각 별도로 진행시키는 방식입니다. 매각 시 물건번호마다 매수인이 달라지는 결과가 나오게 됩니다. 일반적으로 법원은 개별매각을 원칙으로 합니다.

경매가 진행 중인 사건도 채권자의 신청으로 일괄매각과 개별매각을 변경할 수 있습니다.

15

길고 긴 싸움

성공과 실패의 모든 경험을 담았다

2022년 여름 부동산 호황기가 끝날 무렵이었습니다. 1%대의 기준금리가 지속되면서 수도권은 아파트는 물론이고 공장이나 창고조차도 입찰 경쟁이 치열했습니다. 저는 그동안 다양한 경험을 바탕으로 전문성을 키웠고 지역에 대한 이해도 더 넓어져서 검색 지역을 영남권과 호남권까지 전국적으로 입찰 물건을 찾았습니다. 그러던 중 어느 날 전주시 덕진구에 있는 공장을 낙찰받게 되었습니다.

낯선 지역이지만 공업지역 내 공장의 밀도가 높았고 그 주변을 주거지역이 감싸고 있었는데 빌라와 아파트가 많아서 유동성도 활발한 곳이었습니다.

입찰 전 임장을 위해 목적물에 도착했을 때 음식점과 카페가 여기저기 보여서 공장 단지 전체적으로 근로자가 많을 것 같다는 느낌이 들었습니다. 이렇게 현장의 분위기를 느낄 수 있는 것이 바로 임장의 큰 장점이죠.

경매로 나온 공장의 토지 면적은 약 900평인데, 주변 시세를 봤을 때 3.3㎡(평)당 220만 원은 충분히 받을 것 같다는 계산이 나왔습니다. 감정가 19억 원에 한 번 유찰이 돼서 최저가는 13억 원으로 저감된 상태였습니다. 다만 공장 입구를 컨테이너로 막고 공사대금 약 2억 원의 유치권을 행사하는 점유자가 있었습니다. 감정평가서의 현장 사진에는 컨테이너와 유치권 현수막이 보였지만, 현황조사서에 기록된 내용에 의하면 '현지에 방문하였으나 아무도 만나지 못하였음(폐문부재), 그 성립 여부는 불분명함.'이라는 상반된 내용이 있어서 점유가 계속되고 있는지를 판단하기엔 애매한 부분이 있었습니다.

입찰 직전 제가 현장에 방문했을 때 만난 점유자는 유치권자의 대리인이자 조카였는데 컨테이너를 독서실 삼아 수능시험 공부를 하던 수험생이었습니다. 제가 지금까지 만났던 유치권 점유자들은 대부분 인상이 험상궂고 거친 편이었는데 안경을 쓰고 펜을 들고 있는 점유자는 처음이었습니다. 친절하게 공장 문을 열어준 덕분에 실내도 볼 수 있었는데 건물 상태도 상당히 양호했습니다.

유치권 신고자는 총 두 명이었고 신고 금액 2억 원이었는데, 각각 미회수 공사 대금 채권으로 1억 원씩 신고했습니다. 구체적인 유치권 신고 내역을 검토하기 위해 해당 경매 사건의 이해관계인[15]을 통해서 경매 사건기록 열람을 했습니다. 제출된 서류 중 유치권자 A는 도면과 공사 계약서가 있었지만 유치권자 B는 작업 일지와 자재 구매 영수증 정도만 있었습니다. 계약서가 없는 유치권자 B가 수상해서 조금 더 조사를 해봤더니 건설공사 면허가 없는 자

---

15 사건기록을 열람할 수 있는 이해관계인의 범위는 압류채권자와 집행력 있는 정본에 의하여 배당을 요구한 채권자, 채무자 및 소유자, 등기부에 기입된 부동산 위의 권리자, 부동산 위의 권리자로서 그 권리를 증명한 사람, 최고가매수인과 차순위매수신고인, 가압류권자와 가처분권자는 이해관계인이 아니지만, 판결을 받아 직접 경매를 신청한 채권자라면 이해관계인이 된다.

였습니다. 면허가 없는 불법 건축업자는 유치권 성립 여부는 둘째치고 법적으로 문제가 커질 수도 있습니다. 정황상 공사를 입증할 서류가 부족한 유치권자 B는 배제를 시켜도 되겠다는 판단을 했습니다.

공장 지붕 위엔 감정평가에 포함된 태양광발전소가 100kW 설치되어 있었는데, 이 부분도 이 공장의 장점 중 하나였습니다. 지붕 위에 태양광 시설이 있으면 전력 판매 가중치가 1.5배로 적용돼서 100kW를 운영할 때 한전으로부터 매월 약 250만 원 정도의 판매 수익을 얻을 수 있습니다. 공장 단지 주변 시세가 3.3㎡(평)당 220만 원인데, 태양광발전소가 포함되지 않은 시세라서 우리가 경매를 통해 공장을 취득한다면 태양광발전소는 덤으로 얻게 되는 셈인 거죠.

유치권 비용을 최대 1억 원만 부담할 생각으로 14억 원에 입찰 금액을 써냈고, 우리가 낙찰을 받았습니다. 낙찰받자마자 임장 시 방문했던 공인중개사 소장님께서 연락을 해 왔습니다. 20억 원에 매입할 매수자가 대기하고 있다는 겁니다. 공장으로써 좋은 입지인데 단지 경매 때문에 공실이 장기화되었던 겁니다. 역시 지방의 핵심 지역은 웬만한 수도권보다 더 가치가 있는 것 같습니다.

그날 이후 매수를 희망하는 자는 3명이나 더 나왔습니다. 하지만 유치권이 해결되지 않아서 아쉽지만 거래는 잠시 보류를 요청 드렸습니다. 유치권자를 만나서 채권을 1억 원으로 협상을 시도했지만 본인들은 2억 원을 모두 받아야 한다며 대화가 통하질 않았습니다.

어쩔 수 없이 우리는 유치권부존재 소송을 접수했습니다. 점유권에 대한 다툼부터 공사대금 내역의 범위까지 공방이 치열했습니다. 변론기일을 다섯 번은 가졌던 것 같습니다.

치열한 법정 싸움이 이어지면서 점유 여부에 대한 객관적인 판단을 위해 경매 집행관에게 사실조회 신청을 하게 되었습니다. 아래와 같이 현장 조사에 대한 질문과 답변을 받았습니다.

1. 귀하가 조사 대상 부동산을 방문하였을 때 유치권자나 관련자를 현장에서 만난 일이 있는지? **답변** : 만난 사실이 없습니다.

2. 당시 조사 대상 부동산에 시건 장치가 되어 있었는지?
   답변 : 정문 및 건물에 시건 장치가 있었습니다.

3. 조사 대상 부동산에 어떻게 출입을 했는지? **답변** : 정문이 시건 장치로 잠겨 있어 정문(허리 높이)을 넘어 출입하였습니다.

4. 현황조사서 점유 관계란에 유치권 관련 기재를 하지 않은 이유가 무엇인지? **답변** : 컨테이너를 노크하였으나 아무런 인기척이 없어 유치권 여부 등 확인을 위하여 정문 및 여러 건물 각 출입구에 현황조사 안내문을 부착하고 조사를 마쳤습니다. 이후 유치권자를 포함한 사건 관계자로부터 현황조사에 대하여 어떠한 연락도 받은 사실이 없습니다.

재판부의 점유에 대한 판단으로 인해 유치권 전액을 지급하지 않을 수도 있고 채권이 성립되는 비용만 지급할 수도 있는 상황이었습니다. 위 사실조회 신청의 내용과 같이 유치권자는 경매 개시 초반에는 비상주로 간접 점유를 하고 있었는데 현장 관리가 잘 유지되었는지가 쟁점이었습니다.

제출된 사실조회 신청서를 검토하던 중 우리 학원의 이윤환 강사의 말에 따르면, 입찰 전 임장을 나갔을 때는 정문 옆 쪽문이 있었는데 그곳은 시건 장치가 없어서 담을 넘지 않고 들어가 봤다고 했습니다. 그 이야기를 듣자마자 분당에서 전주로 달려가서는 유치권자가 미리 차단하기 전에 그 개방된 쪽문을 동영상 촬영으로 담아와서 추가 서류를 법원에 제출했습니다.

유치권자가 간접 점유를 완벽하게 하지 않았다는 주장으로 승소라는 결과는 원고인 우리 쪽으로 기울게 되었습니다. 그렇게 변론기일이 끝나고 선고기일을 앞두고 있었는데 갑자기 재판부가 변경되었습니다. 단순히 담당 판사의 인사 이동인 줄 알았는데 새로 선임된 재판장님은 이 사건을 다시 처음부터 검토하겠다고 했습니다. 승소를 눈앞에 두고 있었는데 너무 당황했던 순간이었습니다.

새로운 재판부에서 다시 변론기일을 거쳐 불행 중 다행히 화해권고 결정문이 내려졌습니다. 유치권자 B는 공사 대금이나 범위를 입증할 수 없어서 유치권으로 성립이 되지 않았고, 유치권자 A

에게는 1억 원 중 7천만 원만 지급하라는 내용이었습니다. 애매했던 점유는 결국 인정이 된거죠. 그렇게 판결이 끝났습니다.

결과적으로 2022년 가을부터 2024년 가을까지 무려 2년이 넘는 길고 긴 시간 동안 소송이 이어졌고 보유세나 대출 이자를 감안한다면 그렇게 성공적인 결과는 아니었던 것 같습니다. 지금까지 지출된 비용은 약 16억 원이었고 20억 원에 매각된다면 연 수익률이 예상보다 높지 않기 때문입니다. 다행히 유치권 합의 비용 7천만 원은 그동안 태양광발전 수익금으로 상계가 가능한 수준이었습니다.

소송은 어디로 튈지 모르는 럭비공인 것 같습니다. 아무도 결과를 정확하게 예측할 수 없거든요. 되도록 원만한 합의가 좋겠지만 만약 소송을 피할 수 없다면 내 권리를 지키기 위해서 반드시 확보해야 할 것이 있습니다. 소송에서는 판례보다도 확실한 증거를 찾는 것이 더 중요합니다.

16

도곡동
타워팰리스

성공과 실패의 모든 경험을 담았다

대한민국의 랜드마크하면 저는 남산타워가 생각납니다. 그리고 아파트 중에서 꼽자면 도곡동 타워팰리스가 가장 먼저 떠오릅니다. 타워팰리스는 대한민국 초고층 주상복합의 대명사입니다. 우리나라의 아파트는 2002년 타워팰리스를 기점으로 고급화가 되기 시작했는데 당시 타워팰리스가 성공적으로 준공되면서 주상복합이라는 문화가 자리 잡기 시작된 겁니다. 그전에는 규격화된 주공 아파트와 같은 구조로 이루어져 있었죠.

급변하는 부동산 시장은 2022년 말 급격한 폭락으로 또다시 롤러코스터를 타게 되었습니다. 고금리와 인플레이션이 지속되면서 부동산 경기는 후퇴기를 지나 불황기가 시작된 것입니다. 2023년 1월, 73평형의 타워팰리스가 45% 지분만 경매로 나왔는데 지분이라는 하자와 불황기가 시작되었다는 공포감 때문인지 최저가는 두 번 유찰된 64%로 매각기일을 앞두고 있었습니다.

저는 아무리 부동산 시장이 폭락한다고 해도 희소성과 상징성이 높은 아파트는 회복기가 시작될 때 가장 먼저 회복할 것이라고 생각했습니다. 최상위 도시의 프리미엄일까요. 최근 연예인 장○○씨의 한남동 주택이 3년 만에 70억 원에서 120억 원에 거래 된 사례가 대표적이죠. 그리고 특수 물건은 부동산의 가치가 높을 때 수익은 더 극대화가 됩니다. 유찰 시 저감률은 같지만 저감되는 금액이 크기 때문입니다.

3대가 행복해지는 인사이트

공유 지분이란 하나의 부동산을 여러 사람이 소유하고 있는 것을 말합니다. 지분이 경매로 매각될 경우 온전한 100% 소유권이 아니라서 유찰이 잦은 편입니다. 낙찰자는 사용·수익에 제한을 받기 때문이죠.

지분 경매의 투자 전략으로는 시세보다 저렴하게 낙찰받아 다른 공유자에게 매각하거나 다른 공유자의 지분을 매입하여 공유자와 함께 제3자에게 매각하는 방법이 있습니다.

침체기에 조정지역이 축소되면서 오히려 좋은 기회라고 생각했습니다. 법인은 주택에 대한 불이익이 많지만 비조정지역이 아니라서 법인으로 입찰을 준비했습니다. 법인은 취득세가 12%로 중과세가 발생하는데 조정지역은 개인도 규제가 강해서 경합을 해볼만 합니다. 무주택자가 아닌 이상 1주택자도 8%의 취득세가 발생하기 때문에 조정지역이 축소되면 대부분의 사람들은 오히려 비조정지역으로 눈을 돌리는 경향이 있거든요. 실제로 당시 입찰 경쟁률은 강남보다 비조정지역이었던 판교가 더 높았습니다.

입찰가를 산정하고 입찰을 앞둔 전날 갑자기 우리 회사의 어느 직원이 입찰을 포기하자고 제안했습니다. 이미 공유자우선매수[16] 신고서가 제출되었기 때문에 제3자의 낙찰이 무의미하다고 했습니다. 경매 정보지의 기일내역에는 아래와 같이 표시되어 있었습니다.

- 신건 2022-11-30 최저가 1,930,000,000원
- 2차 2023-01-11 최저가 1,544,000,000원
- 3차 2023-02-15 최저가 1,235,200,000원
- ▶ 22-11-23 공유자 공유자우선매수신고서 제출

직원의 포기 제안에 저는 "아니다."라고 대답하면서, 공유자가 의도적으로 유찰시키기 위해 속임수를 쓴 것이라고 설명했습니다.

여러분들은 제 설명이 이해되셨나요?

공유자우선매수권은 공유자별로 1회만 행사할 수 있습니다. 신건 2022년 11월 30일 매각기일에 아무도 입찰에 들어가지 않았다면 공유자는 그 순간 최저가로 취득을 했어야 합니다. 이 부분을 직원에게 입증시켜 주기 위해 그 자리에서 담당 경매계에 전화를 걸어 계장님께 여쭤봤더니, "그 부분은 민감한 사항이라 바로

---

16 공유물의 일부 지분 경매에 있어서 다른 공유자는 매각되는 경매 지분에 대하여 우선 매수 신청 청구권을 사용할 수 있다. 우선 매수 신청 청구권을 사용하면 매각 시 입찰자가 있을 경우 최고매수가격 또는 유찰이 될 경우 최저가격으로 매입할 수 있는 우선권을 가져가게 된다.

답변해 줄 수가 없고 사법 보좌관님께 확인 후 전화를 드리겠다."
라고 했습니다. 약 1시간 뒤 경매계에서 전화가 왔습니다.

"말씀하신 내용이 맞습니다. 공유자우선매수권은 이미 사용했
다고 봐야 합니다. 다만 지방법원마다 다를 수 있으니 참고하시길
바랍니다."

그렇게 공유자는 입찰 경쟁자를 떨어뜨리기 위해 전략적으로
준비하고 있었던 겁니다.

입찰 당시 73평형의 시세는 약 50억 원이었고 지분 45%의 가
치는 22억 원으로 환산할 수 있습니다. 결과적으로 시세 대비 7
억 원 정도 저렴하게 낙찰받게 되었습니다. 그리고 입찰에 참여한

2등은 바로 목적물의 공유자였습니다. 공유자와 나눴던 후문인데 당시 본인들이 단독 낙찰될 줄 알았는데 갑자기 한 명 더 입찰에 들어와서 당황했다고 말했습니다. 그리고 역시 경매학원은 수준이 다르다고 했습니다.

주택이 지분 경매로 나왔을 때 가장 큰 이점은 역설적이지만 점유자가 존재한다는 점입니다. 특히 주택은 상가와 다르게 대부분 공실 상태가 아니라서 점유자를 상대로 지료 청구를 할 수 있습니다. 다만 처음부터 원칙대로 한다고 강하게 압박을 해선 안 되고 부드럽게 협상을 시도하는 것이 중요하겠죠. 상황에 맞게 적절히 병행하면 됩니다.

공유자의 가족은 경매로 매각된 사실을 모른다고 하길래, 사생활을 배려해서 소유권 이전 후 단 한 번도 타워팰리스에 들어가지 않았습니다. 그러면서 공유자에게 내용증명은 발송했습니다.

내 용 증 명

제목: 공유물 매수.매도 의향서 통보

0 수신인: 김██

0 주　소: 서울특별시 강남구 도곡동 467 타워팰리스 비동 　██ ██

0 발신인: 분당인베스트 주식회사 대표이사 ██

0 주　소: 경기도 성남시 분당구 돌마로86. 엘레강스 프라자2동 802호

0 연락처: 010-3██-5965

[부동산의 표시]

서울특별시 강남구 도곡동 467번지 타워팰리스 비동 ██ ██

안녕하세요
분당인베스트 주식회사 대표이사 ██입니다.
당사는 위 표시 부동산에 관하여 서울중앙지방법원 경매4계에서 진행한 사건
번호 2022타경 ██2건에 대하여 ██ 님의 소유 지분을 2023년 02월15일에
낙찰을 받아서 2023년 3월14일 대금을 납부하고 소유권을 취득한 권리자로서
아래와 같이 안내 하오니 협조 부탁합니다.

1. 상위 부동산의 전체 대지권 7.79평중 지분(45%)3.51평을 건물면적은 52.84
평중 지분(45%)23.78평을 이번에 경매로 취득한 지분권자입니다.

2. 당사는 김██선생님께서 당사의 보유 지분(45%)을 매수하시거나,
　전체 지분을 함께 매도를 하여 현금 분할 하기를 원합니다.

이 우편물은 2023-03-15
제 3419504024206호에 의하여
내용증명우편물로 발송하였음을 증명함
성남구미동우체국장

3. 당사는 위 물건의 지분권자로서 2023년 03월 14일 대금을 입금한 날로부터 임대료 매월 약 일천만(10,000,000)원을 청구할수 있습니다.

4.본 내용증명에 대한 회신을 2023년 03월28일까지 보내주시길 바라며 회신이 없을 시에는 선생님께서 위 협의에 응할 의사가 없는 것으로 간주하고 당사에서는 민법 제268조에 의하여 공유물의 분할(가격배상, 대금분할)을 청구하는 소(訴)를 제기하여 부동산 전체가 경매에 부쳐저 당사와 공유자분들의 재산손실을 보는 안타까운 일이 없도록 다시 한번 알려 드리오니, 원만하게 잘 합의 될 수 있도록 협조 부탁드리며 연락 기다리겠습니다.

2023년 03월 15일

발신인: 분당인베스트 주식회사 대표이사 ▮▮배 (인)

그 후 공유자와 여러 차례 협상을 했지만 특별한 진전은 없었습니다. 공유자는 우리 지분 45%를 다시 매수하길 원했지만 현실적인 자금 문제에 부딪쳤습니다. 그렇게 협상이 장기적으로 지연되면서 우리는 일단 지료 청구소송과 가압류를 접수하게 되었습니다.

3대가 행복해지는 인사이트

지분 경매를 낙찰받고 공유자와 합의가 되지 않을 경우 공유물분할 청구소송으로만 해결하진 않습니다. 이 프로젝트처럼 가압류를 접수한 이유는 강제경매로 매각을 시키기 위한 준비입니다. 공유자의 지분이 강제경매로 나오게 되면 우리는 공유자우선매수신청을 할 수 있게 됩니다. 형식적 경매인 공유물분할 청구소송으로 매각이 될 경우엔 공유자우선매수신고를 할 수 없기 때문입니다.

2023년 하반기, 1차 조정기일이 잡혔고 법원에 출석한 공유자는 재차 우리 지분 45%를 매입하겠다고 약속했습니다. 공유자의 형편과 의견을 어느 정도 수용해 주었습니다. 우리가 여유를 갖고 상대방을 기다려줄 수 있었던 이유는 3가지가 있었습니다.

첫째, 지료는 계속 쌓입니다. 법원에 감정을 받지는 않았지만 판례나 시세를 반영해서 계산하면 공유자 겸 점유자는 월 560만 원 정도 임대료를 우리에게 납부해야 합니다. 1년에 6천만 원 이상이면 우리 입장에서 수익이 높은 만큼 상대방의 부담도 클 것입니다.

둘째, 부동산 경기가 침체기입니다. 침체기에 매입해서 호황기에 매도하는 것은 부동산 투자의 기본 공식입니다.

셋째, 대출이 없었습니다. 우리는 수강생들과 함께 소액 공통투자로 접근했기 때문에 대출 이자에 대한 부담이 전혀 없었습니다.

그렇게 기다림 끝에 2024년 7월, 2차 조정기일이 잡혔고 피고인 공유자는 우리 지분을 매입하겠다고 답변했습니다. 만약 한 달 뒤 돌아오는 두 번째 조정기일까지 우리 지분에 대한 매입금액 및 월 임대료 합의가 안되면 재판부에서도 판결을 내리고 임대료 미지급에 대한 본안 소송이 들어가게 됩니다.

낙찰 후 1년이 조금 더 지난 2024년 7월 타워팰리스의 실거래가는 55억 원을 신고했습니다. 현재 우리 지분의 가치는 25억 원 수준입니다. 그리고 그동안 밀린 지료도 약 1억 원 가량 됩니다. **희소성이나 잠재력이 높은 물건은 부동산 시장이 회복될 때 가파르게 오를 수밖에 없습니다.**

17

경매를 이기는
NPL 투자

성공과 실패의 모든 경험을 담았다

자본주의 시대에서 많은 경제 전문가들은 투자의 필요성을 자주 강조합니다. 명목소득보다 실질소득이 낮기 때문이죠. 투자를 통해 누구나 이익을 볼 수 있다면 좋겠지만 자본주의 체제에서 모두가 수익을 낼 수는 없습니다. 돈의 양은 한정되어 있어서 경쟁이라는 구조는 필연적이기 때문입니다. 다양한 투자 방법 중 NPL 투자의 구조도 마찬가지입니다. 투자자가 이익을 얻기 위해서는 상대방이 손실을 봐야 합니다.

　부실채권은 영어로 Non Performing Loan을 뜻하며 줄여서 NPL이라고 합니다. 부실채권의 개념은 쉽게 말해서 은행의 미상환 채권입니다. 은행이 대출을 해주면서 채무자의 부동산에 근저당권이라는 담보를 설정하였는데 채무자가 3개월 이상 이자를 미납하면 은행은 해당 채권을 부실채권으로 분류합니다. 그리고 부실채권을 회수하기 위해 은행은 담보권을 실행하여 임의경매를 접수합니다. 따라서 부동산 경매 시장이 커질수록 부실채권도 정비례하여 늘어나게 되는 것입니다. 그런 부실채권을 할인해서 저렴하게 매입하는 것을 NPL 투자라고 합니다. 예를 들어 원금 10억 원에 연체이자 1억 원까지 쌓인 11억 원의 부실채권을 할인해서 NPL 투자자가 9억 원에 매입합니다. 그리고 경매에서 11억 원 이상 낙찰이 되었다고 가정을 한다면 NPL 투자자는 법원에서 배당으로 11억 원을 받게 되고 2억 원의 마진이 발생합니다. 반대로 은행은 왜 2억 원이나 할인해서 양도할까요? 그 이유는

BIS[17]비율 유지, 대손충당금 회수, 경매의 불확실한 결과 등이 문제되기 때문입니다.

서로 간 이익이 명확하게 대비되는 NPL 투자의 특성상 양도인과 양수인 사이에서 극단적인 입장 차이가 있는 물건은 거래가 잘 안됩니다. 앞서 말씀드린 것과 같이 투자는 누군가 손해를 감수해야 하기 때문인데요. 어떤 사유로 인해 당장 부실채권을 매각해야 하는 은행은 최대한 아파트와 같은 안전한 담보물보다는 토지나 상가, 특수 물건처럼 경매 결과를 예측하기 어려운 물건을 먼저 양도하길 원합니다. 반대로 양수인은 아파트 같은 대중적이고 안전한 담보물을 선호합니다. 그런 입장 차이로 인해 채권 양도인과 양수인 간 협상이 어려운 겁니다. 제가 유튜브에서 자주 강조하는 'NPL은 잠수교다.'의 비유를 생각하시면 이해가 쉬울 겁니다.

2022년 부동산 경기가 침체되면서 2023년 서울 아파트의 경매 진행 건수는 지난 10년 만에 최대라는 뉴스를 보셨을 겁니다. 은행은 쌓여가는 부실채권을 빨리 현금화 시켜야만 합니다. 그만큼 NPL 투자자 입장에선 주택에 설정된 부실채권을 저렴하게 매입할 수 있는 기회가 찾아 온 것입니다.

실제로 2023년부터 2024년 상반기까지 우리 학원의 분당엔피

---

17 BIS(Bank for International Settlement)가 정한 은행의 위험자산 대비 자기
자본비율

엘대부 주식회사는 아파트, 다가구, 오피스텔 부실채권에 약 100억 원 정도 투자했습니다. 그중에서 최근 순조롭게 종결된 사례를 하나 소개해 드리겠습니다.

　우리 학원의 NPL 정규 강의 중엔 실전 과제가 있습니다. 이론보다도 실전으로 연결될 수 있도록 수강생이 직접 은행과 채권양도양수 협상을 하는 과제입니다. NPL 과정 47기 류○○ 수강생이 2023년 12월 말 수업을 듣고 성실하게 과제를 하다가 우연히 채권 양도인인 저축은행과 거래 조건이 맞아서 급속도로 협상이 진행됐던 물건이 있었습니다. 일반적인 부실채권 매입 과정은 경매 정보지의 근저당권자를 찾고 담당자의 연락처를 찾아서 전화로 협상을 합니다. 그 후 채권 양도 담당자에게 채권매입의향서를 팩스나 이메일로 보내고 은행은 내부 결재를 받아 채권양수도계약을 체결합니다. 그런데 이번 건은 전화 협상 직후 중간 과정을 생략하고 이틀 뒤 곧바로 채권양수도계약을 체결하게 되었습니다. 채권양수도계약 시 우리 학원의 담당 직원이 저축은행 담당자와 사담을 나누면서 최근 금융 시장의 분위기를 여쭤보니 저축은행은 현재 건설사 PF 문제로 채권 회수가 너무 급한 상황이라고 했습니다. 이 물건도 안전하고 좋은 물건이지만 시기상 어쩔 수 없이 양도하기로 결정했던 거죠. 그렇게 채권 회수에 시간적인 여유가 많은 NPL 투자자인 우리 수강생은 청주 아파트의 부실채권을 너무나 유리한 조건으로 매입하게 되었습니다.

- 채권 원금 11억 원
- 연체 이자 1억 원
- 매입 금액 9억 원

부실채권을 무려 3억 원이나 할인해서 9억 원에 론세일로 매입하게 되었습니다. 물론 아무리 저렴하게 할인을 하더라도 담보의 가치가 더 낮다면 자본잠식이 발생하겠죠? NPL 투자는 담보의 가치를 평가하는 것이 가장 중요합니다. 청주에서 대장이라고 불리는 이 아파트의 59평형 매물은 10억 5천만 원에서 11억 원 정도 시세를 형성하고 있어서 손해 볼 이유는 없다고 판단했습니다.

매입 금액 9억 원 중 근질권 대출을 약 8억 원 받아서 수강생의 실제 투자금은 1억 원 정도가 되었습니다. 참고로 NPL 투자 시 근저당권을 담보로 하는 근질권 대출은 수강생의 신용이나 DSR 한도와는 무관합니다. 우리 학원의 대부법인을 이용해서 채권을 매입하면 표면적인 채무자는 대부법인이니까요.

이렇게 2023년 12월 말 부실채권을 찾아서 계약을 하고 2024년 1월 초 근저당권의 이전으로 저축은행의 부실채권을 매입했으니, 지금부터는 저축은행이 신청했던 임의경매 사건의 바톤을 이어받게 되었습니다. 우리가 경매를 신청한 채권자의 지위도 함께 가지고 오게 된 것이죠. NPL 투자는 크게 2가지 방법으로 수익을 실현할 수 있습니다. 제3자가 낙찰될 경우 채권자로서 배당기일에 배당으로 투자금을 회수하는 방법과 본인이 직접 입찰에 참여해서 낙찰받아 부동산을 유입하는 방법이 있습니다.

2023년 12월, 2차 매각기일 최저가는 약 10억 원에서 또 유찰이 되었고 다가오는 3차 매각기일의 최저가는 8억 원이지만, 청주 아파트의 매물은 10억 5천만 원에서 11억 원을 형성하고 있어서 9억 원 이상에 제3자가 낙찰받을 것을 예상했습니다. 배당을 기대한다면 초단기 투자로 몇 천만 원의 수익을 남길 수 있는 거죠. 또는 유입이 목적이라면 2억 원이나 할인한 만큼 이전 회차 최저가를 능가한 높은 금액으로 11억 원에 입찰에 들어가면 일반 경매 입찰자들과 경쟁이 안 되니 99% 확률로 낙찰을 받을 수 있습니다.

11억 원에 낙찰을 받아도 실제 투자한 금액이 11억 원은 아니죠? 2억 원을 할인해서 매입했으니까요. 하지만 낙찰 후 소유권을 이전한 뒤 11억 원에 부동산을 매각해도 양도세가 없고, 경락 대출도 11억 원을 기준으로 산정하기 때문에 대출도 더 많이 받을 수도 있습니다. NPL 투자가 경매를 이길 수밖에 없는 이유입니다.

수강생 류○○님은 배당과 유입의 기로에서 매각기일 직전까지 고민을 하다가 직접 입찰을 보게 되었습니다.

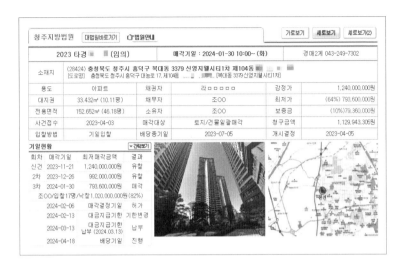

청주지방법원	대법원바로가기	법원안내		가로보기 세로보기 세로보기(2)	
2023 타경 ▒▒ (임의)		매각기일 : 2024-01-30 10:00~ (화)		경매2계 043-249-7302	
소재지	(28424) 충청북도 청주시 흥덕구 복대동 3379 신영지웰시티1차 제104동 ▒▒ ▒▒▒ [도로명] 충청북도 청주시 흥덕구 대농로 17, 제104동 ▒▒ ▒▒▒ [복대동 3379 신영지웰시티1차]				
용도	아파트	채권자	라□□□□	감정가	1,240,000,000원
대지권	33.432㎡ (10.11평)	채무자	조OO	최저가	(64%) 793,600,000원
전용면적	152.652㎡ (46.18평)	소유자	조OO	보증금	(10%) 79,360,000원
사건접수	2023-04-03	매각대상	토지/건물일괄매각	청구금액	1,129,943,305원
입찰방법	기일입찰	배당종기일	2023-07-05	개시결정	2023-04-05

기일현황 ▼간략보기

회차	매각기일	최저매각금액	결과
신건	2023-11-21	1,240,000,000원	유찰
2차	2023-12-26	992,000,000원	유찰
3차	2024-01-30	793,600,000원	매각
	조OO/입찰17명/낙찰 1,020,000,000원(82%)		
	2024-02-06	매각결정기일	허가
	2024-02-13	대금지급기한	기한변경
	2024-03-13	대금지급기한 납부 (2024.03.13)	납부
	2024-04-18	배당기일	진행

　매각기일 17명이나 입찰에 참여했고, 당연히 우리 수강생이 최고가매수인이 되었습니다. 2등은 9억 9천만 원을 썼습니다. 2등 입찰자는 결과가 아쉬운지 그 자리에서 차순위매수신고도 했습니다. 차순위매수신고가 나오면서 우리 수강생은 다시 또 선택의 기로에 놓이게 됩니다. 첫째는 잔금을 미납하는 것입니다. 입찰 보증금을 포기해도 포기한 보증금은 배당으로 돌려받을 수 있는 채권자의 지위가 있어서 차순위 금액 9억 9천만 원에서 부실 채권을 매입한 비용을 뺀 약 3천만 원 수익의 초단기 투자로 빠져나오는 방법입니다. 둘째는 그냥 잔금을 납부하고 유입을 하는 방향입니다. 그렇게 마지막까지 고민을 하다가 최고가매수인으로서 경락 대출을 받아 법원에 잔금을 납부했습니다. 30일 뒤 배당기일엔 채권자로서 법원에 출석하여 근질권 대출을 제외한 1

억 8,600만 원을 받았습니다. NPL 투자의 관점에선 부대 비용을 포함하여 1억 3,600만 원을 투자해서 5천만 원의 수익이 발생한 거죠.

순조롭게 아파트를 명도하고 보증금 5천만 원에 월세 320만 원으로 임대차계약을 체결했습니다. 경락 대출 이자를 납부하고도 매월 80만 원의 수익이 발생하게 되었습니다. 그리고 시중 금리가 내려가고 임대차계약이 만료되는 2년 뒤 실거주자에게 매도를 계획하고 있다고 합니다.

경매에서 NPL을 접목하면 다양한 시너지를 만들어 낼 수 있습니다. 이렇게 매력적인 투자가 대중화되지 않은 이유는 2016년 대부업법이 개정되면서 현재는 개인이 은행의 부실채권을 매입할 수 없고 금융감독원에 등록된 대부법인만 은행의 부실채권을 매입할 수 있게 되었기 때문입니다. 하지만 이러한 자격 제한이 우리 학원의 수강생들에게는 NPL 투자의 경쟁력이 높아졌다고 볼 수 있습니다. 대부법인이 없는 수강생들은 우리 학원의 대부법인으로 투자를 하면 되거든요.

지금까지 경매만 알던 수강생 류○○님은 성공적인 첫 NPL 투자가 분수령이 되어 두 번째 NPL 투자를 이어가고 있습니다. 이번에는 경매가 진행되고 있는 서울 청담동의 주택입니다.

경제 상황을 보면 앞으로도 물가는 오를 수밖에 없고 가계부채는 늘 최고치를 찍고 있습니다. 이런 경제 분위기가 당분간 쉽게 호전되진 않을 겁니다. 따라서 경매를 이기는 NPL 투자의 기회는 여전히 우리 곁에 있습니다. 대부분 경매에만 몰두해서 그 기회를 다른 누군가가 가져갈 뿐입니다.

경매 인생의
에피소드

01

부자
(富者, Rich)

경매 인생의 에피소드

누구나 부자가 되길 꿈꾸며 삽니다. 저 역시 부자가 되고 싶다는 생각을 자주 합니다. 제가 만난 부자들은 대체로 당당하고 여유롭고 표정도 밝았습니다. 돈이 행복의 전부는 아니지만 돈이 있으면 더 행복해진다는 것을 누구도 부정할 수는 없을 겁니다. 돈이 있으면 불필요한 부부 싸움도 없고, 맛있는 음식도 마음껏 먹을 수 있고, 멋진 곳으로 언제든지 여행도 가능합니다. 그렇게 인생을 더 풍요롭게 보낼 수 있죠.

2년 전 온라인 교육 플랫폼에 올라갈 NPL 강의 제목을 고민할 때 갑자기 떠오른 단어는 "부자"였습니다. 이 다의적인 단어를 어영화 원장님과 제 사진에 붙이면 "父子"란 뜻이 제일 먼저 눈에 띄겠지만 그 이면에는 "富者"란 뜻도 담고 싶었습니다. 부동산 공부는 누구나 부의 지름길로 갈 수 있다는 의미를 전달하기 위한 표현이었습니다.

물론 저는 어떤 기준에 의하면 아직 富者는 아닙니다. 하지만 요행과 일확천금을 바라지 않고 하루하루 열심히 살다 보면 인생은 달라질 수 있다고 생각합니다. 가끔 주변의 지인들이 저한테 이렇게 말합니다.
"나도 사장이면 너처럼 열심히 하지~ 내가 다니는 직장은 내 것이 아니잖아."
저는 마음 속으로 이렇게 답했습니다.

'열심히 하지 않는 사장은 금시에 사라지고 없기 때문에 우리 눈엔 모든 사장님들이 다 열심히 하는 것처럼 보일 뿐이지.'

모든 사장도 처음엔 누군가의 직원이었고, 사람의 행동이나 습관은 하루아침에 바뀔 수가 없다고 생각합니다. 예능 프로그램 〈백종원의 골목식당〉을 봐도 특별한 레시피와 전문가의 노하우를 전수받은 행운의 자영업자들 중에서도 일부는 그 솔루션을 지속적으로 유지하지 못하고 다시 예전 습관으로 돌아가는 모습을 볼 수 있었습니다.

저는 대학생 때 학과 생활을 병행하며 조경기사를 준비한 적이 있었는데 필기 시험에 두 번이나 떨어지면서 무려 세 번의 도전 끝에 합격한 적이 있습니다. 떨어지면 될 때까지 다시 원서를 접수했습니다. 그 당시 가졌던 마음을 아직도 잊을 수 없는데, 무엇을 도전할 때 중도에 포기를 하면 평생 후회할 것 같다는 생각을 했었습니다.

대학교를 졸업하고 2011년 같은 과 90학번 선배가 운영하는 작은 설계사무소에서 1년 동안 근무했는데 주말 특근도 꽤 있었고 평일도 대부분 새벽에 퇴근했던 기억이 생생하게 남아 있습니다. 당시 근로 계약은 포괄임금제였지만 주어진 환경을 버티면서 더 나은 기회가 있을 때 또다시 도전하기 위한 인내의 시간이라고 생각했습니다.

그 후에 2012년 어느 날 우연한 계기로 서울에 있는 중견 회사에 이직을 하게 되었습니다. 그런데 회사 사옥이 갑자기 춘천으로 이전을 하게 되었고, 저는 매일 아침 제가 사는 동네의 분당 미금역에서 2호선 서울 삼성역 7번 출구로 나와 아침 7시 셔틀버스를 타기 위해 새벽 5시에 일어나야 했습니다. 나름 힘들었던 그 순간도 첫 직장을 다닐 때와 같은 마음이었습니다.

2015년 대기업 건설사에 경력직으로 입사를 하게 되었습니다. 그곳에서 5년 동안 근무하면서 일이 바쁜 성수기 주말이나 여가 시간을 보낼 때도 늘 회사 노트북을 들고 다녔습니다. 지금 생각해 보면 애사심보다는 사명감에 가까웠다고 생각합니다.

현재 회사를 대표하고 있는 저는 지금도 일에만 올인하는 워커홀릭은 아닙니다. 그냥 주어진 환경에서 열심히 살려고 노력하는 편에 속하는 것 같습니다. 그렇게 살면 나중엔 자연스럽게 "富者"가 될 수 있다는 꿈이 있기 때문입니다.

02

경매를
배워야 하는 이유

경매 인생의 에피소드

주택임대차보호법은 임차인을 보호하기 위한 법입니다. 그럼에도 불구하고 시세를 정확하게 파악하지 못한 임차인들이 깡통전세나 전세사기를 당하는 안타까운 사례가 우리 주변에 많이 있습니다.

제 주변에 어떤 분은 대출이 있는 집에 임차인으로 들어간 경우도 있었습니다. 그 집에 이사를 하면서 전입신고를 해도 만약 그 집이 경매가 진행이 된다면 대항력은 사라지는 겁니다. 말소기준권리보다 후순위 권라자라서 보증금을 일부 못 돌려받을 수도 있겠죠. 저는 그분께 물어봤습니다.

"경매에서 대항력 없는 것을 알고 계약하시는 거죠?"

"네 직장과 가까운 집을 찾는 중인데 전세는 여기 하나밖에 나온 게 없어서요."

"그러면 최우선변제 범위 내에서 반전세나 월세로 계약을 하시는 게 안전합니다."

"최우선변제를 생각 못했네요! 감사합니다."

후순위 권리자라도 보증금이 소액인 경우엔 법원에서 최우선으로 보증금 일부를 돌려받을 수 있습니다.

돈과 관련된 계약은 경각심을 가지고 신중하게 진행해야 합니다. 저는 심지어 헬스장의 PT를 끊을 때도 담당 트레이너가 자주 교체될 것을 우려해서 그런 불편함에 따르는 보상을 특약으로 쓰기도 합니다.

부동산 강의를 하면 가끔 안타까운 사연을 들을 때가 있습니다. 어느 수강생의 이야기인데 여러분도 이 사연을 보고 내가 당사자였다면 어떻게 했을지 한 번쯤 생각해 보시면 좋겠습니다.

세입자로 보증금 2억 원에 임대차계약을 체결하고 거주하던 중 개인적인 사정으로 2년이라는 존속기간보다 4개월 정도 빨리 나가야 하는 상황이 생겼다고 했습니다. 다른 집으로 이사를 가게 된 거였죠. 그렇게 무심코 새로운 집으로 이사를 완료하고 전입신고도 마쳤다고 했습니다. 그런데 기존 집주인이 아직 존속기간이 남았다는 이유로 보증금을 돌려주지 않고 있어서 저에게 상담을 왔던 겁니다.

우선 당연히 임대인 입장에서는 보증금을 미리 돌려줄 의무가 없습니다. 보통 존속기간이 다가올 때 또 다른 임차인을 구해서 보증금을 돌려주겠죠. 혹시 몰라서 기존 집에 등기사항증명서를 열람해 보라고 했습니다. 그런데 대출이 없었던 그 집에 존속기간 중 근저당권 1억 원이 설정된 겁니다. 수강생은 당황했습니다. 대항요건을 유지하지 못해서 대항력이 사라졌기 때문이죠.

우리 수강생은 뒤늦게 다시 전입 신고를 한다 해도 이미 설정된 근저당권에 의해 후순위 권리자가 됩니다. 그래도 그 방법이 최선이겠죠? 여러분이 위 상황의 당사자였다면 4개월 전 빨리 나가야 하는 상황에서 어떻게 했을까요?

만약 제가 수강생이었다면 가족 구성원 중 일부만 새로운 집으로 전입신고를 했을 겁니다. 판례에서는 가족 구성원 중 한 명이라도 전입을 유지하고 있다면 대항력은 계속 인정되거든요. 또한 세입자로 살다가 내일 이사를 나간다고 하더라도 보증금을 돌려받는 날 행정복지센터에 전출신고를 해야합니다. 그런데 간혹 내일은 이사나 공과금 정산으로 바쁠 것 같아서 오늘 미리 전출신고를 하는 분도 계십니다. 임차인을 보호해 주기 위한 강력한 권리를 절대로 간과하면 안 됩니다.

경매는 투자를 위한 공부이기도 하지만 소중한 내 재산을 지키기 위한 공부도 됩니다. 우리가 백신을 맞는 것처럼 부동산과 경매를 미리 배워둔다면 미래에 찾아올지 모르는 리스크를 어느 정도 예방할 수 있습니다.

03

패찰을
축하합니다

경매 인생의 에피소드

흔히 경매는 부동산을 시세보다 낮게 취득하기 위한 투자 방법으로 접근합니다. 그렇게 모두가 낙찰을 받기 위해 입찰에 참여할 때 누군가는 마지못해 입찰에 참여하는 사람도 있습니다. 매각기일 경매법정 내 '외로운 미운 오리'는 바로 본인의 채권을 지키기 위한 방어 입찰자입니다.

세입자로 살고 있던 다가구 주택이 갑자기 경매로 나오게 되자 분당NPL경매학원으로 상담을 오신 분이 계셨습니다. 보증금을 돌려받을 권리가 있는 임차인도 임대인의 채권자잖아요. 스스로 소중한 재산을 지키기 위해 우리 학원에 찾아와 수강을 하게 되었습니다. 힘든 일을 겪으면서 경매에 대해 부정적인 인식을 가지고 있었지만 경매를 제대로 이해하고 배우게 되면서 경매라는 제도의 순기능을 이해하게 되었고, 오히려 인천의 아파트를 시세보다 약 1억 원이나 저렴하게 낙찰을 받으셨습니다. 그렇게 지금도 반면교사로 삼아 지속적으로 부동산에 관심을 가지고 재테크를 하고 계십니다.

어느 날 그 수강생이 살고 있는 다가구의 2차 매각기일이 다가왔습니다. 경매가 진행되면 모든 채권자들은 경매 사건이 종결되기 전까진 불안한 마음을 내려놓을 수 없습니다. 경매는 1년이라는 긴 사이클 동안 변수도 많고 유찰이 될 때마다 최저가의 저감률도 크기 때문입니다. 우리 수강생도 마찬가지로 그 다가구의 1

차 매각기일에 유찰이 되던 날 다시 학원으로 상담을 왔습니다. 제가 도움을 드릴 수 있는 부분은 예상 배당표를 바탕으로 수강생이 쓸 방어 입찰[18] 금액을 함께 검토해 보고 블로그 등을 활용하여 경매 사건을 홍보해 보자는 조언뿐이었습니다.

그렇게 수강생은 방어 입찰을 준비하게 되었는데 그 다가구 경매 진행 중 갑자기 나타난 유치권 신고에 어떻게 대응해야 할지 몰라서 당황도 했었습니다. 유치권자가 허위일지라도 유치권자와 협상을 해야 하는 과정이 막막했기 때문입니다. 그리고 만약 2차 매각기일에 본인이 방어 입찰로 참여했지만 원치 않는 낙찰이 되었을 때 다가구 매입과 잔금에 대한 대출 걱정까지 늘 노심초사했습니다. 유치권이 신고되면 대출에도 영향이 있거든요.

2차 매각기일, 결코 순탄하지 않아서 더 떨리는 마음으로 법원에 출석했습니다. 그리고 본인의 전세 보증금까지 전부 배당으로 받을 수 있는 입찰 금액을 계산하여 입찰 서류를 제출했습니다. 낙찰은 원하지 않지만 소중한 전세 보증금 9천만 원은 지켜야만 했죠.

개찰 결과 다행히 우리 수강생보다 제3자가 더 높은 금액을 써서 낙찰을 받았습니다. 그 후 최고가매수인과 우리 수강생은 다시 임대차계약을 체결했습니다. 아마도 그 순간 그동안의 근심 걱정

---

18 방어입찰의 목적은 매입한 채권금액에 대한 손실을 방지하고 배당을 받기 위해서 참여하는 것이다.

도 다 날아갔을 겁니다. 나중에 소식을 듣고 저는 이렇게 말했습니다.

"패찰을 진심으로 축하드립니다."

전세사기 등의 이슈가 많아지면서 우리 사회에서 경매라는 제도는 어느 순간 우리를 먼저 찾아오기도 합니다. 얼마 전 세입자로 사는 제 지인도 퇴근 후 아파트 현관문에 공매 안내문이 붙어있어서 당황했다고 합니다. 공매 안내문을 보자마자 현관문 사진을 그대로 찍어서 어떻게 해야 하냐며 카톡을 보내왔습니다.

"은수야, 임대차 기간이 지났는데 10개월째 전세금을 못 받아서 돈을 받을 때까지 계속 사는 중인데 갑자기 현관문에 공매 진행 안내문이 붙어있다. 어떻게 대처해야 하지?"

"부동산 시세와 전세 보증금은 얼만데?"

"임대차 계약할 당시 2021년엔 2억 초반이었는데 현재 집값은 2억 원까지 떨어졌고, 내 전세 보증금은 1억 7천만 원이야."

등기사항증명서의 권리관계를 봤더니 제 지인은 국세청의 압류보다 2개월 먼저 선순위 전세권을 가지고 있었습니다. 공매 안내문에는 '배분요구 종기 이내에 배분요구를 해야 한다.'는 내용이 있지만 임차권이 아닌 전세권자는 섣불리 배분요구를 하면 안 됩니다. 그 이유가 선순위 전세권은 배분요구를 했을 때 말소기준권리가 되기 때문이죠. 시세와 전세 보증금이 비슷한 상황에서 법정기일이 빠른 조세채권까지 있다면 배분요구는 돌이킬 수 없는 손해를 가져올 수 있습니다.

결국 제 지인은 한국자산관리공사에 배분요구신청을 하지 않았고 다행히 공매 사건은 유찰만 지속되고 있는 중입니다. 그리고 전대차 계약을 통해 월세로 전차인을 맞추게 되었습니다.

04

경매와
급매 사이

경매 인생의 에피소드

관심 있는 물건이 아파트일지라도 입찰 전 임장은 필수사항입니다. 임장 없이 입찰을 보는 것은 소위 '묻지마 입찰'과 같다고 생각합니다. 경매는 매매와 달리 매도인과 매수인이 만나 체계적인 인수인계를 할 수 없습니다.

따라서 끊어진 정보가 있는지, 숨겨진 함정은 없는지 꼼꼼하게 살펴봐야 합니다. 주로 탐문이나 부동산 빅데이터를 통해서 정보를 얻습니다.

간혹 임장 중 공인중개사 사무실에 들어가서 어색한 연기를 하면서 정보를 캐묻는 경매인들은 오히려 문전박대를 당하기도 합니다. 어설픈 연기 보다도 차라리 그 공인중개사가 보유하고 있는 급매 물건도 함께 물어보면 다음과 같은 효과가 있습니다.

- 급매와 비교를 통해 해당 경매 물건을 더 정확하게 검토할 수 있습니다.
- 중개사에게 잠재적인 고객처럼 보이기 때문에 호의적인 응대를 받을 수 있습니다.
- 그리고 오히려 경매보다 더 나은 급매를 매입할 수도 있습니다.

가끔 법원에서 아파트 경매 사건의 최고가매수인을 호명할 때 우리가 알고 있는 시장의 가격보다 더 높게 낙찰받는 사람들이 있습니다. 그런 경우는 NPL 투자자 이거나, 시세 조사를 잘못한 사례입니다.

어느 날 공인중개사 사무실에 방문해서 경매와 매매 모두 관심이 있다고 상담을 요청했는데 소장님께서 "경매 목적물 바로 인근에 더 좋은 물건이 있는데 검토해 보시겠어요?"라며 추천을 받은 적이 있었습니다.

사진 속 좌측 경계선은 경매 물건 토지 300평이며 감정가는 3.3㎡(평)당 1,000만 원이었습니다. 우측 경계선은 공인중개사 소장님께서 추천을 해주신 급매 물건으로 토지 250평(건물 포함)이며, 임차인이 있어서 수익형 부동산이고 3.3㎡(평)당 1,600만 원

에 급매로 나와 있었습니다. 경매 물건은 인허가를 받아 건축을 해야하는 나대지로 당시 건축비 3.3㎡(평)당 500만 원을 반영하면 두 필지는 비슷한 가격대의 물건이라고 볼 수 있었습니다. 경매 물건은 준공이라는 시간과 노력이 필요하고 급매 물건은 입지가 더 나은 교차로 코너 자리입니다. 임장을 가서 급매 물건과 비교하게 되니 처음 관심 있던 경매 물건을 다시 한번 생각해 보게 되었습니다. 결국 입찰하지 않기로 했습니다.

여러분은 위 사례의 경매와 급매 중 어떤 물건에 더 끌리시나요?

급매 물건은 인터넷 광고를 올리지 않는 경우도 있어서 입찰 전 중개사 사무실 여러 군데를 탐문하는 것이 좋습니다. 참고로 공인중개사에 탐문을 나가면 종종 소장님께서 경매 물건을 부정적으로 설명하거나 주관적인 정보를 주실 때도 있습니다. 내가 확신이 없다면 그런 답변을 듣는 순간 입찰에 관심이 싹 사라지게 됩니다. 쏟아지는 정보 속에서 분별을 잘 해야 합니다.

혼자서라도 임장을 많이 다니면 자연스럽게 성장하게 됩니다. 다양한 소장님을 만나서 이야기를 나누고 투자에 대한 생각을 공유하다 보면 부동산을 보는 시각이 넓어지게 되고, 현재 부동산 시장의 분위기를 체감하게 되거든요.

05

사상누각

경매 인생의 에피소드

어느 날 유튜브에서 우연히 〈백종원의 골목식당〉 재방송을 본 적이 있습니다. 어느 식당의 위생 상태를 본 백종원 씨는 주인장에게 이렇게 지적했습니다.

"이런 환경에서 음식을 맛있게 한다고 오래갈 것 같아요? 사상누각이라는 말이 있어요. 모래 위에 쌓은 탑은 아무리 높게 세워도 결국 무너질 텐데 바닥(기초)이 튼튼해야죠. 기초가 없는 상태에서 방송의 힘으로 아무리 장사가 잘되었다 한들 오래가지 못할 겁니다."

기초는 잘 보이지 않지만 모든 일은 기초가 가장 중요합니다. 초등학생 때 우리는 응용 문제를 풀기 위해 기초 수학을 배우게 됩니다. 기초 수학이 부족하면 어느 순간 '수포자'가 되면서 자연스럽게 문과로 방향을 바꾸게 됩니다. 권투를 배우기 위해 체육관에 등록을 하면 우선 기초 체력을 키우기 위해 줄넘기를 먼저 배우게 됩니다. 한 달 동안 열심히 줄넘기만 하다가 지친 회원님이 이런 투정을 하죠.

"권투 체육관 갔더니 줄넘기만 시키는데 왜 체육관 이름은 복싱클럽이지? 그냥 체력 단련장이라고 하지."

링 위에서 그분의 실력은 안 봐도 상상이 됩니다.

부동산 경매에서도 기초의 중요성은 예외가 아닙니다. 서초구 반포동의 아파트가 두 번 유찰되자 누군가 감정가보다 굉장히 낮은 금액에 낙찰을 받았습니다. 하지만 낙찰자는 잔금을 미납하고 소중한 보증금 6천만 원을 포기합니다. 당시 반포동 아파트의 시세는 약 9억 원이었습니다. 미납 후 재경매가 나오고 또 유찰이 되면서 단독으로 낙찰로 배당 종결이 되었습니다.

두 사람은 어떤 실수를 했을까요?

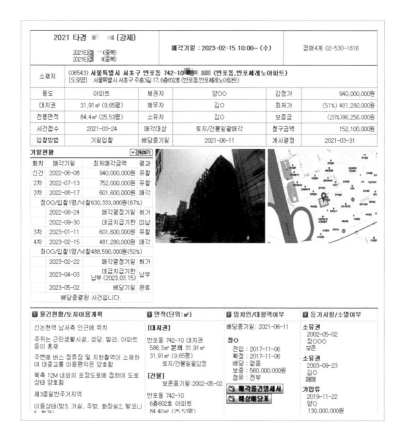

임차인은 대항요건과 확정일자를 갖추고 있지만 법원에 배당신청을 하지 않아서 우선변제권이 없습니다. 법원에서 배당을 받을 수 없다면 대항력 유무에 따라 임차인의 운명이 결정됩니다. 말소기준권리인 가압류보다 임차인의 전입신고가 앞서기 때문에 임차인은 최고가매수인에게 대항력이 있습니다. 따라서 임차인의 보증금은 낙찰자가 인수해야 하는데 그 금액이 무려 5억 6천만 원입니다. 재경매가 나온 후 잔금을 납부한 최고가매수인은 부동산을 취득하는데 시세보다도 무려 1억 원 이상의 비용이 더 발생된 꼴입니다. 참고로 이전 회차 미납으로 인해 입찰 보증금은 최저가의 20%로 그 금액도 1억 원이나 됩니다. 최고가매수인은 기회비용을 고려하여 고민 끝에 잔금을 납부하였을 것입니다.

경매는 대항력과 우선변제권만 정확하게 알아도 대부분의 사건에 입찰이 가능합니다. 하지만 그 기초가 탄탄하지 않으면 한순간의 실수로 소중한 자산을 지키지 못할 수도 있습니다.

06

투자의
양면성

경매 인생의 에피소드

2022 타경 ■■ (임의)		매각기일 : 2023-06-22 10:00~ (목)			경매2계 02-530-1814	
소재지	(06516) 서울특별시 서초구 잠원동 51 잠원웨미리아파트 1동 ■■■					
	[도로명] 서울특별시 서초구 잠원로 202-11, 1동 ■■■					
용도	아파트	채권자	김OO		감정가	1,135,000,000원
지분대지권	16.84㎡ (5.09평)	채무자	윤OO		최저가	(41%) 464,896,000원
지분전용	42.42㎡ (12.83평)	소유자	윤O		보증금	(20%)92,979,200원
사건접수	2022-02-16	매각대상	토지/건물지분매각		청구금액	370,000,000원
입찰방법	기일입찰	배당종기일	2022-05-02		개시결정	2022-02-17

기일현황 ▼간략보기

회차	매각기일	최저매각금액	결과
신건	2022-10-06	1,135,000,000원	유찰
2차	2022-11-10	908,000,000원	유찰
3차	2022-12-15	726,400,000원	유찰
4차	2023-02-02	581,120,000원	매각
장OO/입찰2명/낙찰692,000,000원(61%) 2등 입찰가 : 612,300,000원			
	2023-02-09	매각결정기일	허가
	2023-03-24	대금지급기한	미납
4차	2023-05-18	581,120,000원	매각
5차	2023-06-22	464,896,000원	매각
이OO/입찰1명/낙찰613,300,000원(54%)			
	2023-06-29	매각결정기일	허가
	2023-08-04	대금지급기한 납부 (2023.08.04)	납부
	2023-09-20	배당기일	완료
배당종결된 사건입니다.			

물건현황/토지이용계획

한남IC 남서측 인근에 소재
주위는 아파트, 학교 등이 혼재하는 주거지대
대중교통수단인 버스정류장과 지하철역이 인접하며 교통사정은 보통시됨
단지내 도로가 개설되어 있고, 단지 주변으로 공도에 접하고 있음

면적(단위:㎡)

【(지분)대지권】
잠원동 51 대지권
10,133.1㎡ 분의 16.84㎡
16.84㎡ (5.09평)
33.68면적중 ■ 지분 16.84전부 토지/건물일괄감정
【(지분)건물】

임차인/대항력여부

배당종기일: 2022-05-02
최O 있음
전입: 2019-08-16
확정: 2019-08-16
배당: 없음
보증: 590,000,000원
점유: 전부

등기사항/소멸여부

소유권(지분)
2004-03-29
윤OOO
매매

근저당(지분)
2021-08-30
김O
555,000,000원

이전
집합

소멸기준
집합

서초구 잠원동 아파트의 지분 경매는 채무자 겸 소유자가 처음부터 재산 분할을 목적으로 본인의 지분 2분의 1을 담보로 제공하면서 차용을 요청했습니다. 물론 급전도 필요했던 상황이었겠죠. 그렇게 돈을 빌린 후 상환을 하지 않아서 경매가 진행된 겁니다.

우리 학원의 수강생은 처음부터 이 내용을 알고 채권자로 채무자 겸 소유자에게 돈을 빌려주는 투자를 하면서 근저당권을 설정하였습니다. 채무자는 이런 상황을 이해해준 채권자 감사하게 생각하고 있다고 했습니다. 이 사건이 흔히 재산 분할을 목적으로 하는 공유물분할청구소송으로 형식적 경매가 어려웠던 이유는 채무자와 또 다른 공유자 사이에 복잡한 사연이 있었기 때문입니다.

경매를 신청한 채권자인 수강생의 채권은 원금과 연체이자까지 4억 3천만 원 정도 되었습니다. 감정가는 11억 원이 넘었지만, 당시 2분의 1 지분에 대한 시세는 10억 원이 현실적인 가치였습니다. 그래도 잠원동의 재건축 부지로 미래 가치가 좋은 물건이었습니다.

우리 수강생은 1순위 근저당권자였고 점유 중인 임차인은 대항력이 있었고 배당 신청을 하지 않아서 보증금 5억 9천만 원에 대한 2분의 1인 2억 9,500만 원을 인수해야 하는 조건이었습니다. 단순히 계산을 해보면 4억 3천만 원과 2억 9,500만 원을 합한 7억 2,500만 원은 부동산의 시세 10억 원 대비 LTV는 72.5%로 안전한 편에 속했습니다.

만약 2분의 1 지분 경매 사건의 최고가매수인이 다른 공유자와 협상이 안 돼서 먼저 전세 보증금을 인수하여 5억 9천만 원 전액을 임차인에게 지급하게 된다면 다른 공유자에게 보증금 절반에 대해서 구상권을 청구하고 불응 시 가압류로 강제경매를 신청할 수도 있습니다. 그때 공유자우선매수신고 하는 방법도 있죠. 하지만 경험이나 확신이 없다면 이런 사건은 권리 관계가 복잡해 보이고 절차가 막연할지도 모릅니다.

부동산 침체기라는 악재와 지분 물건이라는 특별한 상황 때문인지 유찰이 지속되었습니다. 23년 2월 2일, 단 두 명이 입찰에 들어와서 매각이 되었는데 그마저도 최고가매수인은 너무 높게 낙찰을 받았는지 입찰 보증금을 포기하고 잔금을 미납했습니다. 그렇게 재경매가 나왔고, 그해 5월 18일 또다시 유찰이 되었습니다.

경매를 신청한 우리 수강생 입장에선 혹시라도 또 유찰이 되면 채권에 손실이 발생될까봐 신경이 많이 쓰인다고 했었습니다. 경매는 공매보다 저감률이 높아서 한 번의 유찰로 채권자에게 치명적인 손해를 입히기도 하거든요.

수강생은 한 달 뒤 다가오는 6월 22일엔 꼭 누군가 낙찰이 되길 원했습니다. 하지만 사실 전 그날도 유찰을 기대했습니다. 이번에도 유찰이 되면 개인적으로 4억 5천만 원에 입찰을 들어갈 생각이었거든요. 수강생의 채권까진 제가 안전하게 방어해 주면서 이전 회차 최고가매수인보다 더 저렴하게 잠원동의 아파트를 취득할 계획이었습니다. 그러면 결과적으로 원우님도 채권을 전액 배당으로 받으시고 저도 큰 수익을 얻을 수 있었습니다.

6월 22일 매각기일에 사무실에서 결과를 지켜봤는데 누군가 단독으로 입찰에 들어가서 낙찰을 받았습니다. 최고가매수인은 최저가에서 무려 1억 5천만 원이나 더 높게 입찰 금액을 썼습니다. (앞 페이지 경매 정보지를 다시 한 번 보면 정리가 되실 겁니다.)

이 책을 쓰기 위해 어느 날 등기사항증명서를 열람해 봤더니 그 잠원동의 아파트가 이번엔 전체 지분으로 경매가 접수되었습니다. 당시 임차인이었던 분이 주택임차권등기를 설정하고 강제경매를 신청한 겁니다. 2분의 1을 낙찰받은 최고가매수인은 잔금을 납부하고 소유권 이전 후 공유자와 합의가 되지 않았는지 임차인과도 다툼이 생긴 것 같습니다.

저마다 사유가 있겠지만 만약 제가 최고가매수인이 되었다면 앞서 말씀드렸듯이 공유자에게 구상권을 진행하고 나머지 절반의 지분도 경매가 나와 유찰이 되었을 때 저렴하게 취득하거나 공유자우선매수신고를 했을 겁니다.

이상한
오피스텔

경매 인생의 에피소드

분당구 서현동 풍림아이원이라는 오피스텔은 경매로 종종 나오는 물건입니다.

여담이지만 대학생 때 해당 건물 2층 커피숍에서 아르바이트를 한 경험이 있어서 저에겐 익숙한 건물이기도 합니다.

경매 정보지로 물건을 찾을 때마다 눈에 자주 띄어서 제 유튜브에도 소개했던 물건인데 영상의 섬네일 제목을 '이상한 오피스텔'이라고 올린 적이 있었습니다. 경매로 나오는 이 물건은 하자가 있는 오피스텔이거든요. 그 하자를 놓쳐서 못 본다는 것이 바로 이 오피스텔의 함정입니다. 대표적으로 아래 사건의 기일현황을 보면 이전 회차에 미납한 이력이 있음에도 무려 9명이 경합해서 결국 더 높은 금액으로 매각되었습니다.

사실 그 함정은 공인중개사 사무실 몇 군데만 탐문을 해보면 이유를 쉽게 찾을 수 있습니다. 그리고 등기사항증명서의 말소사항을 포함해서 열람해 보면 이 물건은 지금까지 세 번이나 경매로 매각이 된 사실도 알 수 있습니다.

경매로 나온 목적물은 3층의 어느 오피스텔입니다. 그런데 위건축물의 3층 전체 용도가 과거 준공 시점엔 오피스텔이 아니었습니다. 최초엔 1~3층은 상업시설, 4층 이상이 오피스텔로 구성되었던 건물이었습니다. 그 후 3층 전체를 수십 개의 구좌로 구분하여 공사를 완료했고, 용도도 상업시설에서 오피스텔로 변경이 되었습니다. 아마도 사업성이 더 높아서 그렇게 건축 변경을 했던 것 같습니다. 하지만 처음부터 계획된 설계가 아닌 중간에 변경이 되면서 건물 내부에 위치한 일부 구좌는 창문이 없는 오피스텔이 되었습니다. 경매로 나온 물건이 바로 그 구좌입니다. 저도 임장을 다녀온 적이 있었는데 답답하고 어두운 분위기였습니다.

위 건축물에 4층부터 고층까지 정상적인 오피스텔과 채광이 안되는 오피스텔의 시세를 비교하면 당연히 창문이 없는 오피스텔은 제값을 받을 수 없겠죠?
위 건축물의 3층은 다른 호실까지 지속적으로 경매로 나오고 있습니다. 물건의 가치를 정확하게 분석하지 않아서 오히려 부동산을 비싸게 매입하는 분들을 볼 수 있습니다.

감정가는 경매가 진행되기 위한 가격의 기준일 뿐입니다. 투자를 잘하려면 현재 부동산의 본질을 꼼꼼히 살펴봐야 합니다.

무려 92명이나
입찰한 사건에
낙찰자가
미납한 사연

경매 인생의 에피소드

2023년 여름은 용인 원삼면의 토지가 큰 화제였습니다. 반도체 클러스터 산업단지에 대한 기대로 미래가치가 뛰어난 입지인 이곳은 부동산에 관심 있는 모두에게 투자의 대상지가 되었습니다. 원삼면의 오래된 아파트까지도 입찰 경쟁률이 과열됐었죠. 덕분에 우리 학원에서 공동 투자를 했던 이동읍 서리 930평의 토지도 좋은 가격에 매도하기도 했습니다.

반도체 클러스터에 대한 뉴스가 지면에 크게 나오자마자 개발계획 단지를 마주 보고 바로 붙어있는 원삼면의 어느 대지가 경매로 나오게 되었습니다. 이 물건은 우리 학원의 수강생 3명이나 입찰 직전 저에게 상담을 해 와서 신건부터 경쟁이 치열할 것을 예상했습니다.

2022 타경 ▓▓ (임의)		매각기일 : 2023-10-17 10:00~ (화)		경매14계 031-210-1374	
소재지	(17168) 경기도 용인시 처인구 원삼면 독성리 ▓ [도로명] 경기도 용인시 처인구 원삼면 ▓▓				
용도	대지	채권자	중소기업은행	감정가	286,192,000원
토지면적	496㎡ (150.04평)	채무자	정영하	최저가	(70%) 200,384,000원
건물면적		소유자	박봉수 外	보증금	(20%) 40,076,800원
제시외		매각대상	토지매각	청구금액	102,860,474원
입찰방법	기일입찰	배당종기일	2022-11-23	개시결정	2022-09-08

기일현황

회차	매각기일	최저매각금액	결과
신건	2023-06-16	200,384,000원	매각
	주)한▓▓피/입찰92명/낙찰690,000,000원 (241%)		
	2023-06-23	매각결정기일 허가	
	2023-08-09	대금지급및 배당기일 미납	
신건	2023-10-17	200,384,000원	취하

최종기일 결과 이후 취하된 사건입니다.

▶ 23-10-13 채권자 취하서 제출

취하공고 ▶ 취하일자 : 2023-10-16

취하내용	2023.10.16. 부동산임의경매 취하/취소			
물건현황/토지이용계획	**면적(단위: ㎡)**	**임차인/대항력여부**	**등기사항/소멸여부**	
원삼초등학교 북동측 인근에 위치	**[토지]**	배당종기일: 2022-11-23	소유권	이전
부근은 농촌취락지대로 인근으로 단독주택, 근린생활시설, 소규모공장 및 창고, 농경지, 임야등이 소재	독성리　7 대지 자연녹지지역 496㎡ (150.04평) 제시외건물로 인한감안감정	- 매각물건명세서상 조사된 임차내역이 없습니다	1996-12-16 ○○○ 매매	토지
본건까지 차량 출입은 용이하며 인근에 버스정류장이 소재하여 대중교통 사정은 보통	**[제시외]**	**매각물건명세서**	소유권(지분) 2010-03-11	이전 토지
인접도로와 등고 평탄한 부정형	독성리		박.○○외 1명 (거래가) 140,000,000원 매매	
남측으로 로폭 약 3-4미터 도로에 접함	단층 단독주택 제외 세멘블럭조판넬위스레트		**(근)저당 토지소멸기준** 2014-09-07	토지
토지거래계약에관한허가구역			○○업은행 120,000,000원	
자연녹지지역(독성리 233-7)			**(근)저당** 2021-04-09	소멸 토지
※ 제시외건물이영향을받지않은감정가 (286,192,000원) ※ 감정평가서상 제시외건물가격이 명시 되어있지않음. 입찰시 확인요함. ※ 감정가격은 제시외건물의 영향을 받지않는 토지의 가격이나 경매진행은 제시외건물의 영향을 받아 감안된 토지의 가격으로 진행합니다. 입찰시 확인요함.			김○○ 260,000,000원	
			(근)저당 2021-08-05 한○○○ 300,000,000원	소멸 토지

　1차 매각기일에 무려 92명이나 입찰에 들어와서 감정가 대비 241%에 낙찰이 되었는데, 최고가매수인은 잔금을 미납하고 2023년 10월 17일 재경매가 예정되었다가 취하되었습니다. 어렵게 받은 원삼면의 토지를 최고가매수인은 왜 미납하였을까요? 여러분도 한 번 생각해 보시길 바랍니다.

　당시 인터넷엔 다양한 추측 글들이 있었습니다.
　'토지만 경매로 나와서 법정지상권을 해결하지 못해서 미납했다.'
　'너무 높게 낙찰을 받아서 대출금이 부족해 자금 조달에 실패했다.'
　'낙찰자는 재경매 3일 전에 잔금을 납부할 것이다.'
　최고가매수인은 끝까지 잔금을 납부하지 않았습니다. 제 생각에 최고가매수인의 채권을 방어하기 위한 낙찰로 보였습니다. 의도적으로 시간을 지연시키는 방법이죠.

최고가매수인과 등기사항증명서 3순위 근저당권자는 동일한 회사로 보입니다. 따라서 근저당권자 한○○앤피의 배당을 계산해 본다면 6억 9천만 원에 낙찰이 돼야 전액 배당을 받을 수 있습니다. 제3자가 더 높게 낙찰이 되길 기대했지만 본인들이 낙찰을 받게 되었습니다. 무려 92명이나 입찰에 참여한 사건에 6억 9천만 원 이상 쓴 사람은 아쉽게도 없었던 거죠.

제3자가 받진 않았지만 3순위 근저당권자이자 최고가매수인은 이렇게 시간을 벌면서 채무자와 협상을 했을 겁니다. 재경매가 진행되기 4일 전인 2023년 10월 13일 경매를 신청한 채권자인 중소○○은행은 경매 취하를 접수했는데 채무자가 은행의 채권을 상환한 것은 아니고 한○○앤피가 중소○○은행의 채권을 대위변제를 했습니다. 그리고 등기사항명증명서의 2순위 근저당권도 대위변제로 가지고 왔습니다. 한○○앤피의 필사적인 노력이 돋보이는 사건입니다.

투자는 누군가 손실을 봐야지 수익이 생기는 구조라서 모두에게 유쾌할 수는 없습니다. 저렴한 가격으로 매입한다는 경매의 성공투자라는 개념도 마찬가지입니다. 서바이벌 게임과 같은 투자 구조에서 열심히 노력하지 않고 단순하고 가볍게 접근한다면 손실을 보게 되는 그 누군가가 될 수 있습니다. 경매를 잘하려면 법률과 판례를 공부하면서 수많은 경험이 쌓이거나 다른 사람의 경험을 돈으로 사야 합니다. 저는 지금도 여전히 둘 다 병행하고 있습니다.

'유일하게 잃지 않는 투자는 나 자신에게 투자하는 것이다.'라는 말이 있잖아요.

온비드
공매

경매 인생의 에피소드

온비드란 공공자산을 처분하기 위한 온라인 시스템이며, 공매는 대표적으로 체납자의 재산을 압류하여 국세징수법에 의해 강제로 매각하는 절차를 말합니다. 경매와 공매는 비슷하면서도 세부적인 절차나 법률이 다르기 때문에 명확하게 구분해서 이해하지 않으면 손해가 발생될 수도 있습니다. 제가 학원에서 수강생들에게 경매와 공매를 강의를 할 때마다 느끼는 부분이 있는데요, 대부분의 수강생들은 공매보다 경매에 더 많이 관심을 갖고 집중하는 편입니다. 경매가 더 장점이 많아서 그럴까요? 물론 절차적인 부분은 경매가 더 안전합니다. 대표적으로 경매는 낙찰받은 목적물에 불법 점유자를 내보내기 위한 인도명령이라는 제도가 있지만 공매는 인도명령 제도가 없어서 명도소송으로 진행을 해야하는 불편함이 있습니다. 하지만 그런 단점으로 인해 오히려 공매의 입찰 경쟁자는 경매보다 훨씬 적다는 장점이 있습니다. 우리가 평범한 권리의 아파트보다는 복잡한 특수 물건에 도전하는 이유는 바로 경쟁력이 적고 더 높은 수익률을 기대하기 때문이죠? 그런 관점에서 본다면 경매보다 공매가 블루오션이 아닐까요.

참고로 공매에서 명도소송으로 이어질 확률은 그다지 높지 않습니다. 낙찰 후 점유자에게 이사비를 지급하면 원만하게 합의가 잘 되는 편이고, 명도가 필요 없는 물건도 많이 있기 때문입니다.

인도명령 제도가 없는 공매는 명도소송을 해야하는 번거로움이 있지만 우선 점유이전금지 가처분 신청만으로 불법 점유자를 압박할 수 있습니다. 점유자가 거주하고 있지 않다면 결정문을 사진 촬영하여 불법 점유자의 휴대폰으로 직접 발송하는 방법도 있습니다.

2024년 초 수강생 정○○님은 수원시 금곡동 대로변 프라자 상가 1층 전용 17평을 공매로 1억 2,500만 원에 낙찰받았습니다. 비슷한 시기 경매는 2억 원대에 매각이 되었는데 감정가 대비 공매 낙찰가는 35%, 경매는 46%에 매각이 된 겁니다. 경매보다 공매가 더 유리하다는 결과입니다.

우리 수강생은 낙찰 후 경락 대출 1억 원을 받아 잔금을 납부하였습니다. 그리고 몇 달 뒤 보증금 2천만 원에 월 차임 90만 원으로 임대차계약을 체결했습니다. 최종적으로 1천만 원 투자해서 매월 대출 이자를 제외하고 40만 원씩 수익이 생기는 임대 사업을 시작하게 된 거죠. 금곡동은 호매실동과 함께 수원역에서 동떨어진 느낌이 있지만 해당 상가의 위치는 향후 개통될 신분당선 호매실역에서 도보 3분 거리로 미래 가치도 뛰어난 물건이었습니다. 공매 소액 투자의 성공 사례입니다.

누구나 익숙한 것에 대한 편안함이 있습니다. 익숙한 것에만 집중하면서 반복적인 안정감을 갖는 것도 좋지만, 반대로 새로운 것을 만날 기회를 놓칠 수도 있습니다. 경매에서 아파트만 검토하는 분들은 상가나 토지 등 다양한 용도로 검토의 대상을 확대해야 하고, 경매만 하던 분들은 공매도 함께 입찰을 검토해야 하며, 경·공매에만 관심을 갖던 부동산 투자자는 NPL까지 접목시켜서 시야를 넓혀갈 필요가 있습니다. 모두 유기적으로 연결되어 있어서 다각도의 관심과 도전은 우리를 더 빠르게 성공의 목표에 도달시킬 겁니다.

이 책의 집필을 마무리하기 직전 저는 여의도 아파트를 너무나 좋은 조건에 공매로 낙찰을 받아, 매각허가결정을 기다리는 중입니다. 만약 경매로 나왔다면 제가 쓴 입찰 금액은 패찰을 했겠다는 생각이 듭니다.

10

위반건축물
간과하다가
큰코다칩니다

경매 인생의 에피소드

2022 타경 ■■■■ (임의)		매각기일 : 2023-09-12 10:00~ (화)		경매3계 02-530-1815	
소재지	(03077) 서울특별시 종로구 명륜2가 ■■ ■ [도로명] 서울특별시 종로구 창경궁로 ■				
용도	상가	채권자	엠OOOOOOO	감정가	3,018,805,900원
토지면적	116㎡ (35.09평)	채무자	선O	최저가	(51%) 1,545,629,000원
건물면적	66.12㎡ (20평)	소유자	김O	보증금	(20%)309,125,800원
제시외	145.88㎡ (44.13평)	매각대상	토지/건물일괄매각	청구금액	221,000,000원
입찰방법	기일입찰	배당종기일	2022-08-18	개시결정	2022-06-07

기일현황 ▼간략보기

회차	매각기일	최저매각금액	결과
신건	2022-11-22	3,018,805,900원	유찰
	2023-01-10	2,415,045,000원	변경
차	2023-04-25	2,415,045,000원	매각
(행OOOO/입찰1명/낙찰2,650,000,000원(88%))			
	2023-05-02	매각결정기일	허가
	2023-06-09	대금지급기한	미납
2차	2023-07-04	2,415,045,000원	유찰
3차	2023-08-08	1,932,036,000원	유찰
4차	2023-09-12	1,545,629,000원	매각
(행OOOOOOOO/입찰2명/낙찰1,750,100,000원 (58%))			
2등 입찰가 : 1,733,300,000원			
	2023-09-19	매각결정기일	허가
	2023-11-02	대금지급기한 납부 (2023.10.25)	납부
	2023-11-15	배당기일	완료
배당종결된 사건입니다.			

건축 비용의 상승으로 신축 부동산 개발사업은 진입장벽이 높아졌습니다. 이런 상황에서 서울 중심지 대로변의 꼬마빌딩이 경매로 나온다면 많은 사람들의 관심을 끌게 됩니다. 2층으로 구성된 이 상가는 역시나 정보지의 조회수도 상당히 높았습니다. 그리고 2차 매각기일 단독 낙찰된 후 잔금을 미납하였고, 재경매가 나오면서 두 번 유찰이 된 후 4차 매각기일 어느 건축설계 사무소가 낙찰을 받아서 잔금을 납부했습니다.

이 물건의 입지는 최상급이지만 위반건축물이라는 치명적인 하자가 존재합니다.

어쩌면 이전 회차 낙찰자는 그 부분을 놓쳐서 낙찰 후 잔금을 미납했을 수도 있겠다는 예상을 해봅니다.

위 그림을 봤을 때 위반건축물의 범위는 어디일까요? 경험이 부족한 많은 사람들은 옥탑층에 있는 샌드위치 판넬을 위반건축물이라고 생각할 겁니다. 대표적인 위반건축물의 사례는 옥탑방 무단 증축, 주거용으로 용도 변경이 대부분이기 때문이죠. 따라서 '저 부분만 철거를 하고 원상회복을 하면 되겠구나.'라는 착각을 할 수도 있습니다. 하지만 이 물건의 위반건축물 범위는 옥탑층

위 판넬 창고는 물론이고 빨간 벽돌 2층도 전부 불법으로 건축이된 것입니다. 이 건물은 원래 1층짜리 건물입니다. 문제는 원상회복을 할 경우 임대차 면적이 줄어들어 임대 수익률이 현저하게 떨어지게 됩니다.

위반의 범위가 상당한데도 불구하고 낙찰받은 건축설계 사무소는 경락 대출은 75%를 받아냈습니다. 낙찰자가 일반인이 아닌 건축설계 사무소라면 뚜렷한 목적을 가지고 낙찰을 받았을 것이라고 생각했습니다. 그래서 이 사건은 개인적으로 공부를 위해 추적을 하는 중인데 2023년 10월 소유권 이전 후 9개월이 지난 2024년 7월까지도 건축물대장상 여전히 위반건축물 표기가 남아있습니다.

저는 낙찰자가 '시일 내 본래 토지의 가치를 살릴 수 있는 용도로 재건축을 하지 않을까?'라는 예상을 해봅니다.

경매로 나오는 물건 중 특히 다가구 주택이나 상가, 공장은 낙찰 후 위반건축물로 인해 손해가 발생될 수도 있어서 주의해야 합니다. 정보지에 위반건축물 표기가 있을 땐 반드시 건축물대장 마지막 페이지에 구체적인 위반 내용을 확인하거나 해당 지자체 건축과에 문의를 해보시길 바랍니다.

앞서 말씀드렸듯이 성공보다 더 중요한 것은 실패하지 않는 것입니다. 이는 백번을 강조해도 부족합니다. PART 1에서 저의 실패했던 사례를 과감하게 공개하는 이유도 여러분께 경각심을 드리기 위해서입니다.

11

40년 전통
유명한 맛집의
임대인이 될 수
있었는데

경매 인생의 에피소드

극심한 코로나 펜데믹이 지속되던 2020년 12월 어느 날 유동화 회사로부터 부실채권 매입 제안을 받게 되었습니다. 롯데월드 인근에 있는 송파구 대로변 1층 상가 2칸으로 전용 면적은 50평이었습니다. 경매로 진행되고 있는 현황을 살펴보면 감정가는 38억 2천만 원이고 1회 유찰된 최저가는 30억 5천만 원이었습니다. 그리고 유동화 회사의 근저당권은 채권최고액 30억 원까지 연체 이자가 다 쌓인 부실채권이었고, 할인해서 26억 원에 매각한다고 했습니다.

우리는 상가의 가치를 30억 원 이상 보긴 했습니다. 대로변 시세도 확실했고 음식점업을 하던 임차인의 월세도 당시 1천만 원이었거든요. 그런데 딱 한 가지가 신경 쓰였습니다. 저도 교육 사업을 하면서 코로나의 피해를 가장 최전선에서 받고 있었기 때문에 상권이 더 무너질 수도 있겠다는 걱정이 컸습니다. 모두가 이런 마음 아니었을까요?

'이 고통스러운 코로나 펜데믹은 언제까지 지속될까?'

어두운 긴 터널에 정차한 느낌이었죠.

공실이 두려웠고 결국 부실채권을 매입하지 않기로 결정했습니다. 다음 해 2월 매각결과를 지켜봤는데 역시나 또 유찰이 되었습니다. 최저가는 24억 4천만 원으로 저감이 되었고, 그렇게 제 기억 속에 지워진 물건 중 하나가 되었습니다.

얼마 전 우리 학원의 수강생과 함께 송파에 임장을 가게 되었습니다. 임장 중 점심 장소를 찾다가 이왕이면 공부도 될 수 있는 특별한 곳을 찾고 싶었는데 문득 3년 전 그 음식점이 생각났습니다. 흐릿한 기억을 떠올리며 컴퓨터에 저장된 예전 자료를 찾아냈고 아직 음식점업이 운영되고 있는지 확인하기 위해 컴퓨터 온라인 맵에 담보물 주소를 입력하여 로드뷰를 실행했습니다.

임장 전 동선을 체크하기 위해 로드뷰에서 본 가게명을 다시 핸드폰의 온라인맵에 입력했는데, 앗!! 그 가게는 이미 제 핸드폰 네이버 지도 즐겨찾기에 저장된 맛집이었습니다.

'여기 유튜브에서 유명 연예인이 소개한 맛집이었지.'

혹시 3년 전에도 이 음식점이 영업을 했었나 싶어서 로드맵을 과거로 돌려봤는데 코로나 시기에도 꿋꿋하게 살아남은 그 집이었던 겁니다. 이제 보니 당시에도 유명했던 그 집은 힘든 시기 생존을 위해 버티기보다는 그냥 장사가 잘되는 맛집이었습니다. 오히려 코로나로 인해 쏠림 현상이 심화되기도 했잖아요. 저는 코로나 펜데믹이 무서워서 진가를 알아보지 못했던 겁니다. 갑자기 그때 경매 결과가 궁금해져서 정보지에 사건번호를 입력했습니다.

2021년 6월 3차 매각기일 2명이 입찰에 들어와서 최고가매수인은 26억 5천만 원에 낙찰을 받아갔습니다. 최고가매수인은 21억 원 경락 대출을 받아 현재까지 임대인으로 임대 사업을 하고 있습니다. 모두가 상권 몰락에 대한 공포감을 느낄 때 호기롭게 낙찰을 받은 최고가매수인의 현재 임대수익률은 8% 정도 예상됩니다. 그리고 상가의 가치는 여전히 30억 원 이상 될 겁니다.

만약 최고가매수인이 NPL을 투자했다면 경매보다 5천만 원 더 낮은 금액인 26억 원에 부실채권을 매입해서 30억 원으로 낙찰받을 수 있게 됩니다. 그리고 NPL 투자는 대출을 더 받을 수 있기 때문에 24억 원의 대출을 받으면 자본금 5천만 원으로 2개 호실의 임대인이 될 수 있었겠죠. 금리가 인하되면 수익성은 더욱 극대화가 될 겁니다.

우리 학원 수강생과 송파에 임장을 가던 날 돈까스 정식을 정말 맛있게 먹었습니다.

아~ 40년 전통 유명한 맛집의 임대인이 될 수 있었는데 말이죠.

참고로 당시 저는 다른 좋은 기회를 잡았기 때문에 위 물건이 아쉽지 않습니다.

부동산 투자는 '침체기에 사서 호황기에 팔아라.'라는 말이 있습니다. 이 격언은 누구나 알고 있지만 구체적인 계획이나 공부 또는 경험 없이 섣불리 실행하긴 어렵습니다. 다만 부동산 사이클은 주기적으로 반복되기 때문에 시장을 이해하고 준비하면 누구나 성공적인 투자를 이룰 수 있는 것이 부동산 투자이기도 합니다.

경매의 수준을 계단으로 비유했을 때 1층에서 2층으로 올라가는 계단의 단 높이가 1m라면, 2층에서 3층으로 올라가는 계단의 단 높이는 체감상 50㎝도 안 됩니다. 그리고 고층으로 갈수록 점점 좁아집니다. 경매는 한 사이클만 경험해 봐도 그 소중한 경험을 바탕으로 지속적인 투자를 이어갈 수 있다는 말입니다. 부동산에 관심이 있어서 이 책을 읽고 있다면 당연히 여러분도 할 수 있습니다.

할까 말까 망설여질 땐 일단 해보시길 바랍니다. 실행력의 차이는 미래에 부의 크기를 바꿔줄 것이라고 확신합니다.

경매는 3대를 행복하게 만들 수 있거든요.

감사의 인사

이 책을 내기까지 고마운 분이 참 많습니다. 우선 부동산 분야로 저를 키워주신 아버지께 깊은 감사의 말씀을 드립니다. 아버지와 어머니께서는 늘 자식 걱정에 맡은 일을 줄였으면 좋겠다고 하시지만, 보람을 느끼며 일을 한다는 것은 적성에도 맞는다고 생각합니다. 앞으로도 잘 지켜봐 주셨으면 좋겠습니다.

그리고 제가 일에 집중할 수 있게 곁에서 도와주고 좋은 아이디어를 내어주는 아내에게도 감사한 마음입니다.

또한 저의 이야기를 멋진 책으로 출판해 주신 봄봄스토리 출판사, 흔쾌히 책의 교정을 검토해 주신 박순옥 감사님, 김혜선 원우님께 감사드립니다. 마지막으로 언제나 응원해 주시는 우리 분당NPL경매학원 관계자 및 모든 원우님께도 감사드립니다.

저와 인연이 되어 주신 분들 모두 앞으로도 건강한 투자 생활을 하시길 바랍니다.

경매는 3대를 행복하게 **합니다**

초판 1쇄 2024년 9월 15일

지은이 어은수
제 작 ㈜봄봄미디어
펴낸곳 봄봄스토리
등 록 2015년 9월 17일(No. 2015-000297호)
전 화 070-7740-2001
이메일 bombom6896@naver.com

ISBN 979-11-89090-59-3(03320)
값 18,000원